社会科授業サポートBOOKS

子供を歴史好きにする！

面白ネタでつくる全時代の授業プラン&ワークシート

阿部 雅之 著

JN017625

明治図書

刊行に寄せて

　「聖徳太子は十七条，それとも二十三条の憲法をつくった？」。児童が苦笑
する発問から始まり，苦笑と爆笑の連続の45分間，それが阿部さんの授業で
ある。しかし，しかし……である。四天王寺の位置に注目し，渡来人にも目
立つように上町台地の縁につくったワケを考えさせるという知的興奮も随所
に用意されている。また，「十七条憲法」の逆読みは見事だ。「廊下を走る
な」というきまりは，「廊下を走る児童がいる」から作られる。豪族どうし
のトラブルがあったから「和をもって尊しとなす」であり，仏教を敬ってい
ないから「仏教を敬え」である。そこから，「聖徳太子が目指した国づくり」
を考えさせる授業構成である。本書は，「苦笑」「爆笑」の連続の中で，「知
識」「理解」は言うまでもなく，「思考力」「判断力」を鍛える19の授業が提
示されている。

立命館大学非常勤講師

河原　和之

は じ め に

社会科が得意な人たちのネタ集として
社会科の苦手な人が手軽に，面白い授業をするための資料として

　この本は，社会科が苦手な人も，もっと詳しく知りたい人たちも一歩先の歴史授業が手軽に，しかも教師も子供も楽しくできるようになるためのものです。そのために，以下の6つの工夫をしています。

　①すべての時代を網羅した内容
　②基本的に「クイズ→語句確認→主発問」の流れ
　③すべての時代で主なネタ解説，単元の流れ，ワークシートつき
　④オリジナルネタを中心に構成
　⑤ネタについて考えることが，その時代を捉えるための布石に
　⑥もっと詳しく知りたい方のために，各項目末尾にマニアックなネタや解説つき（参考文献も明示していますから，もっと詳しく知りたい方はどうぞご利用ください）

①すべての時代を網羅した内容
　面白いネタが満載の，とても素敵な本がたくさんあります。全時代の授業案が板書つきで説明されている本もたくさんあります。どちらもとても魅力的です。だからこそ，それぞれの良いところも混ぜた本にしました。この本は，これ1冊ですべての歴史の授業が進められるようになっています。

②基本的に「クイズ→語句確認→主発問」の流れ
　子供たちは授業の流れが分かると安定します。しかも，導入で「クイズ（子供を引きつけるための面白ネタ）」を使い，次に「語句確認（落ち着いて学習する時間を確保）」し，「主発問（1時間の学習で身につけた力を使って

答える）」という流れで，子供たちへの負荷も徐々に上がっていくようになっています。子供たちは楽しんで，かつ安定して授業が受けられます。また，社会科の授業が苦手な先生でも，同じ流れだと授業展開に慣れてきて少しずつ社会科の授業の仕方が分かってきます。

③すべての時代で主なネタ解説，単元の流れ，ワークシートつき

　面白いネタ，全授業の流れだけではなく，授業で使えるワークシートもついています。これなら，授業の前に簡単に自分で解くなどの最低限の準備でも楽しく，子供たちに社会科の力をつけるための授業が手軽にできます。

④オリジナルネタを中心に構成

　有田和正先生や，河原和之先生のネタを参考にしたものもありますが，ほとんどはオリジナルネタです。これには，『枕草子』『太平記』『信長公記』など，「歴史的名著」をもとにしているものが多く含まれます。これらの歴史的名著には当時の人々が何をどのように感じていたのかを知るヒントがたくさん隠されていました。現在の常識で当時の人々の業績を判断するのではなく，子供たちなりに，できるだけ当時の常識に近づいて当時の社会について考えることができるという効果があります。

⑤ネタについて考えることが，その時代を捉えるための布石に

　ただの楽しいネタはたくさんあります。しかし，授業で身につけたい事柄に迫れるものであるかははっきりしませんでした。そこで，たくさん発見したネタの中でも，学習する時代を捉えるために使えるネタをできるだけ選り

すぐっています。それを，**大ネタ・中ネタ・小ネタ**というように分けて書いています。

「大ネタ」は，多くは発問形式になっています。「その発問を考えることでその時代を捉えるきっかけになるネタ，もしくは発問のこと」です。例えば，

縄文時代に卑弥呼はリーダーになれたか？

というものが，縄文・弥生時代にあります。これは，なれた・なれていないの立場を選ぶよりもむしろ，「リーダーの条件」を考えることでそれぞれの時代の特徴を整理できる発問です。

小ネタは，例えば，宇治拾遺物語から発見した，

「子子子子子子子子子子子子」を何と読むか？

という鳥羽上皇の出したクイズ。当時，「子」が片仮名の「ネ」として使われていたことに注目しました。まだ片仮名ができて間もなく，1つの音にたくさんの仮名文字があった時代だからこそのクイズだといえるのです。ここから仮名文字の成り立ちに進み，平安時代の文化の学習に進んでいくのです。子供に，「歴史って面白い」と感じさせ，授業に向かわせることを目的にしています。すぐに答えが出るけれど，思わず子供は答えてしまいそうだと思いませんか。

中ネタはその間です。「時代までは捉えられないけれど，その時間の一部くらいは捉えられる発問」にこの振り分けをしました。もっとも，明確な基準を設けたわけではないので，「こういうものか」と理解しながら利用していただけると幸いです。

⑥より詳しく知りたい方のために，各項目末にマニアックなネタや解説つき

本書の授業案では使いきれなかったネタや，マニアックすぎる（？）ネタ，異なる歴史解釈など，歴史を授業するためには知っておきたいけれど，授業では必ずしも教える必要のない情報が「授業をもっと楽しくする＋αネタ」として書かれています。もちろん，授業に活用するのもよいですし，普段の話のネタにするのもよいでしょう。例えば，室町時代では，

室町時代の言葉を体験しよう！

というネタを紹介しています。

実は，室町時代まで，「ハ行」は「fa」と発音していたのです。ですから，「母」は，「ふぁふぁ」と言います。ちなみに，さかのぼって奈良時代や平安時代初期はハ行を「パピプペポ」で発音していたそうです。そうすると，「母」の発音が「パパ」というややこしいことになります（本文より）。

子供たちと「室町言葉体験」としてわいわいするのもいいですね。

次に，正しく理解して使っていただき，この本の力を存分に発揮していただくためのポイントを3つ，補足説明します。

１ クイズネタの特徴

先にも述べましたが，クイズとして出すネタには，導入として使うだけのものもあります。しかし，ほとんどのクイズは，本当に考えさせたい主発問につなげるためのものです。つまり，一見関係がなくバラバラで，つながっていなさそうなクイズでも，その時代を捉えるためにつくられているのです。

例えば，江戸時代のクイズ，

江戸時代の庶民，悪いことをしたらどんな罰を受けたでしょう。一番軽い罰を答えよ。

　このクイズの答えは，「叱り」ですが，なぜ叱りが刑罰として成り立ちえたか。それを，「町人の生活背景」とつなげているのです。当時の庶民は長屋住まい。トイレ，井戸の共用が当たり前。今よりもずっとご近所の人のことを気にかけていた時代であるということを押さえるためのクイズなのです。つまり，白州に呼び出されて叱られたことに対する恥じらいは，現在とは比べものにならない感覚だったのでしょう。

　そして，クイズの後に身分制度などの確認をし，「江戸時代の人々の生活は〇〇だった」という発問につなげるのです。例えば，クイズの答えが「江戸時代の庶民は長屋暮らしで，近所の人たちと共同で生活をしていた」という1つのまとめにつながるのです。

②発問の特徴
　ここではいくつかの発問の特徴を説明します。

[1] 立場を選ばせるもので，立場を重要としない場合
　例えば，源平の争いの学習で，
　「頼朝と清盛，リーダーにふさわしいのは」
という発問があります。この場合，選ぶ立場は清盛だろうが頼朝だろうがどちらでも構わないのです。

このような，「立場をとらせるが立場はどちらでもよい発問」の場合，その発問を手段として，学習したことを整理させようとしています。

　「頼朝と清盛」の場合，２人の立場を選ばせ，理由を言わせることによって頼朝，清盛の功績のそれぞれを比較し，整理しているのです。単に，「頼朝と清盛の功績を整理しよう！」と問う場合に比べて，どちらが子供の食いつきがよいかは説明するまでもないでしょう。

［２］同じ発問を二度する場合

　古墳時代の学習で，

　「当時の人々は古墳を嫌々造ったか？」

という発問を第１時と第２時で二度行っています。これは，学習内容を根拠にということもありますが，第１時ではどちらかというと感覚的に答え，「嫌々造った」という立場をとる子が多いだろうと考えているのです。そして，当時の人口や埴輪の役割，大王の権力について学習した後に同じ発問をすると，同じ発問なのに立場が違ったり，理由が違ったりします。これが学習によるものであることは言うまでもありません。変化がそのまま子供たちの成長ともいえます。

3 板書について

　板書については，導入のクイズの後から始めることをおすすめします。つまり，クイズでいきなり授業に入り，その後，「今日のめあて」という形で板書し，子供たちと共通認識を図るのです。

　もっとも，語句確認の文をすべて板書する必要はありません。答えの部分

だけ板書するなど，授業のテンポが悪くならないようにしましょう。そして，じっくり考えさせたい「大ネタ」など，主発問の内容などを中心に板書することをおすすめします。

　最後に，この本は，「歴史の面白ネタ本」として読んでいただくだけでもかなり楽しめる内容となっています。「授業に利用する機会がない！」という方でも安心してください。ちょっとした雑談にも使っていただけると幸いです。

阿部　雅之

CONTENTS

01 縄文時代と弥生時代, リーダーの条件はどう変わった？

　歴史学習の始まりの時間です。「歴史って面白い！」と思わせるのはもちろん,「歴史って覚えるだけではないんだ」と思わせたいところです。

　そこで注目したいのが「リーダー」の存在です。リーダーはその時代に重要とされている力をもっています。つまり,「リーダー」を通して時代を見ると, その時代が見えてくるということです。

ここで使える！ネタ一覧

大ネタ：縄文時代に卑弥呼はリーダーになれたか？

中ネタ：縄文時代に学級委員になるには？

小ネタ：①卑弥呼は美人だったか？
　　　　　②日本人は○○を口にした世界で最も古い人たちの一人？
　　　　　③「どんな生活をしているか」は, ○○を見れば分かる？

💡 縄文時代に卑弥呼はリーダーになれたか？

　縄文時代には個人が出てきません。そこで, 弥生時代のリーダーである卑弥呼を通して縄文時代を見るレンズにします。これで, 時代ごとに途切れた学習にもならず, かつ,「縄文時代と弥生時代を比べよう」といった, 子供がのりにくい活動に陥ることがありません。

💡 縄文時代に学級委員になるには？

　小ネタ②の答えは,「日本人はスープを口にした世界で最も古い人たち」

です（もっとも，現在では日本の１万６千年前よりさらに古い１万７千年以上前の土器が中国で発見されています）。さらに，「縄文時代の人の生活を知れるのは，教室にもある，ある物を見つけたから」というクイズが効果的です。これは「ごみ箱」です（貝塚は現代でいうとゴミ箱に当たります）。身近なもので一気に子供たちを歴史の世界に引き込みましょう。

　子供たちはまだ歴史の見方を何ももっていない状態です。そこで，「クラスで学級委員（もしくは学校の状況に応じたクラスのリーダーの役割）になるのはどんな人？」と想像しやすい学校の言葉で問います。すると，「勉強ができる」「優しい」「運動ができる」などの条件が出てくるでしょう。挙げるのは，今の生活で大事な力なのです。そこで，「では，縄文時代のリーダーに必要な力は？」と問い返します。すると，縄文時代に必要とされる力，主に狩猟，採集に関する内容が出てくるでしょう。

導入にピッタリ！ミニネタ一覧

①縄文時代の人は虫歯になったか？

　これは有田ネタ。「虫歯」という身近な物から「食生活」を考えさせる有田先生らしいネタです。もちろん，虫歯の人はいました。

②弥生時代の絵の犬は，猫でもよいか？

　教科書にしろ，資料集にしろ，必ずと言っていいほど弥生時代の想像図には犬が描かれています。これは猫でもいいのでしょうか？答えは×。犬は夜間に人を獣から守ってくれるなど，危険なことから人々を守る役割を担ってくれました。もちろん，今のように癒し効果もあったでしょうね。

③貝塚の貝は海のもの？川のもの？

　初めはハマグリなど，海のものが多かったようです（一方で後期にはシジミなど，淡水生の場合もあるようです）。しかし，海とは離れすぎている貝塚もたくさんあります。「海からわざわざ運んだと思う？」と聞くのも面白いです。もちろん答えは×。当時は温暖で，海岸線が今よりも内陸にきていたこと，そして，時代が進むにつれて河川の土砂が堆積し，陸地が広がったことも関係しています。

単元プランの実際

第1時 (導入)	○日本人は世界で初めて○○を食べた人たちの一人 ○縄文時代の人たちの生活を調べるために○○を調べた。 ○縄文時代にリーダーになるためにはどんな力が必要？
第2時	・考える素地をつくる。 ○弥生時代の絵の犬は猫でもよいか？ ○卑弥呼は美人だったか？
第3時	○卑弥呼は縄文時代でもリーダーになれたか？

授業展開と発問例

⏱第1時

　小ネタの提示は，何と言っても「歴史って面白い！」と思わせることを目的としています。ですから，発問というよりも「クイズ」という感覚にさせるとよいでしょう。

[発問]「日本人は世界で初めて○○を食べた人たちの一人！○には何が入る？」

と尋ねます。答えは「スープ」です。これは，「煮物は土器がないとできない」ということからきています。そして，「土器の模様から時代の名前が『縄文時代』になったんだよ」ということも押さえます。さらに，

[発問]「学者たちは，縄文時代の生活を調べるために，○○を調べました。さて，○○には何が入る？」

と問いましょう。「教室にもあるものだよ」などのヒントもあるとよいでしょう。答えは「ゴミ箱」。そして，教科書や資料集などで語句の確認をした後，

[発問]「縄文時代の生活を，衣食住に分けてまとめよう」

と指示します。教科書を使っての調べ学習です。そして，

[発問]「ところで今の時代に学級委員（リーダー）になるにはどんな力が必要？」

と問います。これは，次の発問につなげるための発問。次の時間のまとめに

つながります。そしてその後,

発問　「では，縄文時代にリーダーになるためには？」

と問うのです。そうすると，縄文時代の主に狩猟，採集に関する内容が出て
くるでしょう。

⏱第2時

弥生時代の始まりには,

発問　「資料の犬は猫でもよかったか？」

という発問（クイズ）から始めます（詳細は p.17）。その後，教科書を読ん
で「稲作」「ムラ」などのキーワードの確認をします。そして,

発問　「弥生時代の生活を，衣食住に分けてまとめよう」

と，弥生時代の生活をまとめる調べ作業。ここで縄文との比較ができます。
　そして,

発問　「卑弥呼は美人だったか？」

と問います。答えはどちらでも構わないのですが,

○弟以外姿を見たことがなかったこと

○みんなが従っていたこと

など，教科書の記述をヒントに理由を述べられたらそれでよいでしょう。

⏱第3時

縄文，弥生時代のまとめは,

発問　「卑弥呼は縄文時代でもリーダーになれたか？」

と問います。そして，立場を決めさせ，教科書や資料集を根拠に理由を述べ
させましょう。その中で前時までの縄文・弥生の生活のまとめなどを参考に,

○縄文時代，弥生時代の生活の比較（土器の種類，稲作と狩猟採集など）

○縄文時代，弥生時代の社会のシステムの違い（弥生の王と戦争など）

が出されるように働きかけていくといいでしょう。

縄文時代と弥生時代を調べつくせ！

組　　名前（　　　　　　　　　　　）

☑歴史クイズ！

①日本人は世界で初めて○○を食べた人たちの一人だ！

②縄文時代の人たちの生活を調べるために○○を調べた。

　　ヒント！この教室にもありますし，みんなの家にもあります。

☑教科書や資料集を見て答えましょう。

①縄文時代のごみすて場のことを＿＿＿＿＿＿という。

②縄文時代の人々は，＿＿＿＿＿や＿＿＿＿＿をして暮らしていた。

③縄文時代の人の住居を＿＿＿＿＿という。

☑教科書を読んで答えましょう。

☆縄文時代の生活を「衣（着ていたもの），食（食べていたもの），住（家），
　その他」でまとめましょう。

衣	
食	
住	
その他	

☆現在，クラスの学級委員（リーダー）になるためにはどんな力が必要？

☆では，縄文時代にリーダーになるためにはどんな力が必要？

☑️歴史クイズ！
☆弥生時代の資料の犬は，猫でもよいか？　　　　　　　よい　　よくない
　　弥生時代の犬は，豚同様，食用として飼われていました。
　　しかしもう1つ，重要な役割をするようになりました。何でしょう？
　　A：番犬　　　B：戦争用　　　C：癒し

☑️教科書や資料集を見て答えましょう。
①弥生時代，ムラが集まって＿＿＿＿＿＿＿ができるようになった。
②福岡県の志賀島で，弥生時代の＿＿＿＿＿＿が見つかった。
③「魏志」の倭人伝には，「乱れていた倭の国は，女王＿＿＿＿＿＿によって
　　おさめられた。その国を＿＿＿＿＿＿という」と書かれている。

☑️教科書を読んで答えましょう。
☆弥生時代の生活を「衣（着ていたもの），食（食べていたもの），住（家），
　　その他」でまとめましょう。

衣
食
住
その他

☆卑弥呼は美人だったか？

　　　　　　　　　　　　　　　　　　美人　　美人でない

理由を教科書や資料集をもとに書こう。

```
┌─────────────────────────────────────┐
│                                     │
│                                     │
└─────────────────────────────────────┘
```

☆卑弥呼は縄文時代でもリーダーになれたか？

　　　　　　　　　　　　　　　なれた　　なれていない

☆そう考えた理由は？教科書や資料集から証拠を見つけよう！

```
┌─────────────────────────────────────┐
│                                     │
│                                     │
└─────────────────────────────────────┘
```

☆弥生時代のリーダーの条件を，卑弥呼を参考にして「～な人」とまとめて
　みよう！

```
┌─────────────────────────────────────┐
│                                     │
│                                     │
│                                     │
│                                     │
│                                     │
└─────────────────────────────────────┘
```

授業をもっと楽しくする +α ネタ

! 金印はどう使うの？—子供の想像とは違う印鑑の使い方—

　金印のレプリカに，実際にスタンプ台でインクをつけて使ってみると，なかなか上手く押せません。それもそのはず。金印は紙に押して使うものではなく，粘土に押すものだったからです。「封泥」といいます。この粘土は，荷物を運ぶときに，他の人に開けられたらすぐに分かるようにつけられたものです。子供たちは金印のこのような使い方を絶対に知りません。

! 学者たちは卑弥呼を美人だと考えているか？
—「魏志倭人伝」をヒントに卑弥呼を見る—

　佐原真氏の『魏志倭人伝の考古学』には，３つのジャンルの研究者たちが卑弥呼はどんな女性かを話題にしたことが書かれています。ある歴史研究者は，「みんなから尊敬されていたということは，ただ単に神がかりの達人だけではなく，非常にすぐれた容貌の持ち主だったに違いない」と述べ，人類学からは，「弥生系の風貌」だったとして，「面長」「顔全体は起伏が少ない」「眉が細く薄い」「目は一重まぶたで鼻筋がとおり，唇が薄い」「耳たぶが小さく」「毛深くない」「耳垢は乾いている」といいます。最後に，考古学からは，「管玉と勾玉の首飾り」，そして，鬼道（呪術）に用いた鏡くらいの道具類だけが分かるということです。

参考文献
○佐原　真『魏志倭人伝の考古学』岩波書店
○門田誠一『はんこと日本人』吉川弘文館
○西本豊弘編集『人と動物の日本史1』吉川弘文館

02 世界最大のお墓, 「大仙古墳」の秘密を探れ!

　世界遺産に登録された古墳群。中でも大仙古墳はピラミッド, 始皇帝陵とともに, 「世界三大墳墓」といわれます。では, このような大きな建造物を誰が, どのように造ったのでしょう。それを調べていくことで「ムラからクニへ」という時代の流れを, 「支配地域の拡大」「王の力の強さ」という点から捉えられます。

ここで使える!ネタ一覧

大ネタ（大発問）人々は古墳を嫌々造ったか?

小ネタ：①ピラミッドと大仙古墳, どっちが大きい?

　　　　②いろいろな埴輪, 何のため?

　　　　③古墳の数とコンビニの数, どっちが多い?

💡 人々は古墳を嫌々造ったか?

　一番大きな大仙古墳の造営では, 延べ600万人以上の人が働いたといわれています。1日に2000人が働いても15年以上。それだけの大工事でした。では, 古墳づくりを行った人たちは喜んでしたのでしょうか。この発問から当時の社会の仕組みを整理してみましょう。

○これだけ長い期間の工事なら, 食料や道具をつくる人たちもたくさん必要である。ということはそういう仕事をしている人がいた?

○広い地域を治める権力の強い人物が出現した?

○「王のために働く」という, 仲間意識が芽生えた?

　立場自体を目的とするのではなく, そこから出てくる理由に着目するこ

とが大切です。

ピラミッドと大仙古墳，どっちが大きい？

　子供たちは「古墳」は知らなくても，「ピラミッド」は知っています。写真をいくつか見せて，「ピラミッドがこれくらいだとしたら，大仙古墳はどのくらい」と書かせてみましょう（これは，有田実践にもあります）。幅だけなら２倍以上も大仙古墳のほうが大きいことを知って，子供たちは驚くことでしょう。「どうやって造ったの？」となるでしょうね。

いろいろな埴輪，何のため？

　埴輪のほとんどは「円筒埴輪」と呼ばれるものですが，他にもいろいろなデザインのものがあります。例えば，馬や犬の形をしたもの，家，力士。埴輪を見れば，当時の人々がどんなものを信じ，どんな生活をしていたのかのヒントになります。ちなみに一番多い円筒埴輪は，大仙古墳からは30000本見つかりました。円筒埴輪は古墳に人を入れさせないための柵の役割，「ここからは異世界」ということを表す，精神的な結界の役割もあったようです。

古墳の数とコンビニの数，どっちが多い？

　「古墳にコーフン協会」（http://kofun.jp/）によると，古墳の数は平成28年現在で消滅，現存含めて約16万基だそうです。これは，日本の駅の数（約１万），山の数（約１万５千），川の数（約３万５千），コンビニ（約４万４千）よりも多いとのこと。驚きですね。ちなみに一番多いのは兵庫県で，平成28年現在で18851基見つかっているそうです。

単元プランの実際

第1時	○人々は古墳を嫌々造ったか？ ○古墳の数はいくつ？ ○ピラミッドと大仙古墳，大きいのは？
第2時	○人々は古墳を嫌々造ったか？ ○古墳時代の人口は？ ○埴輪から当時の生活を見よう！

授業展開と発問例

🕐第1時

古墳について，写真でいろいろな形のものを紹介し，「古代のお墓」であることを確認した後に，クイズ。

[クイズ] 第1問：「下のものを，日本で数の多い順に並べよう！」

A：コンビニ　　B：山　　　C：川　　　D：古墳

答えは，D→A→C→B。先述の通り，古墳は約16万基見つかっています。

[クイズ] 第2問：「その中で一番大きな古墳はどれくらいでしょう」

A：約100m　　B：約300m　　C：約500m

答えはC。大仙古墳が当時の大王（今の天皇のお墓）であることを紹介した後，ピラミッドとの大きさ比べをします。

[クイズ] 第3問：「世界で一番有名なお墓といわれるのがエジプトのピラミッドですが，大仙古墳はピラミッドと比べてどのくらいの大きさでしょう」

ここで，ピラミッドの絵を簡単に書きます。上から見た四角形が一番比べやすいでしょう。この後，大仙古墳についての，働いた延べ人数，完成までの年数を紹介した後，教科書，資料集で語句を確認します。「渡来人の技能集団」には必ず触れましょう。そして，次のように問います。

[発問]「当時の人々は古墳を嫌々造ったか？」

「大王のために喜んでやったのでは？」「人のお墓のために長い間働くのは嫌だったのではないか？」「渡来人たちは自分の技術を発揮できるから嫌じゃなかったのではないか？」など，キーワードに触れられるとよいです。

🕐 第2時

　ここでもクイズから。まず，さまざまな形の埴輪を紹介し，

[クイズ] 第1問：「埴輪は何のために置かれたのでしょう」

Ａ：特に意味はない　　　Ｂ：人が入れないようにするため

Ｃ：お墓に入れられる人があの世で不自由しないため

　答えはＢとＣ。一番多かった円筒埴輪が隙間なく並べられたのは，中に人が入らないようにするための柵の役割，そして精神的な結界の役割を果たしたそうです。馬や家などは，埋葬者がこの世での生活をあの世でも変わらず送れるようにするためのものだったと考えられています。当時の宗教観ですね。

[クイズ] 第2問：「現在の人口は1億2千万人。では，古墳時代の人口は？」

Ａ：約400万人　　　Ｂ：約1000万人　　　Ｃ：約3000万人

　答えはＡ。実際は，200～500万人ほど。この人数から，延べ600万人参加した大仙古墳がどれほどの規模の工事だったかが分かります。

[クイズ] 第3問：「大仙古墳などで有名な『前方後円墳』の形。どんな人のお墓？」

Ａ：天皇や，天皇の昔からの部下　　　Ｂ：偉く，金持ちの人なら誰でも

Ｃ：あの形が好きな人なら誰でも

　答えはＡ。前方後円墳は誰でも造れたわけではありません。天皇家や，王権の初期から関わった部下だけに許された特権の形だったのです。ですから，前方後円墳を造れることは，大変な名誉だったのでしょう。また，古墳の造営の目的には，実際に造る人々が，「その王の国に帰属しているんだ」という帰属意識を再確認するという効果もあったようです。「働かされるのはかわいそう」だけでは当時の人々の意識を理解することはできませんね。

　そして，最後にもう一度，

[発問]「当時の人々は古墳を嫌々造ったか？」

と尋ねましょう。前時の意見に加えて，「王の力の強さ」や，「クニの意識の芽生え」という部分が出てくれば「ムラからクニへ」という時代の特徴がつかめたことになるでしょう。

古墳時代を調べつくせ！

組　名前（　　　　　　　　　　　）

✅ 歴史クイズ！

第1問：次のものを，日本で数の多い順に並べよう！

　　A：コンビニ　　B：山　　C：川　　D：古墳

→	→	→

第2問：（○をしましょう）

その中で一番大きな古墳の全長はどれくらいでしょう。

　　A：約100m　　B：約300m　　C：約500m

第3問：大仙古墳はピラミッドと比べてどのくらいの大きさでしょう。

（黒板に書いてみよう！）

✅ 教科書や資料集を見て答えましょう。

①古墳造りでは，大陸から渡ってきた＿＿＿＿＿＿といわれる人々のもたらし
　た土木，金属加工などの技術が重要な役割を果たした。

②各地に古墳が造られたが，特に大きいものは今の奈良県や大阪府にある。
　これは，この2つの地域が＿卑弥呼＿＿＿大王＿を頂点としたクニ，
　「＿＿＿＿＿＿＿」の中心地であったことを示している。

③大仙古墳を造るには，1日2000人以上働いても＿＿＿＿＿年以上かかった
　といわれる。ちなみに，周りの長さは約＿1km＿＿2km＿＿3km＿である。

✅ 教科書や資料集を見て考えましょう。

当時の人々は古墳を嫌々造ったか？　　　　嫌々造った　　嫌々でない

そう考えた理由

✅歴史クイズ！

第1問：（〇をしましょう）

現在の人口は1億2千万人。では，古墳時代の人口は？

   A：約400万人　　B：約1000万人　　C：約3000万人

第2問：（〇をしましょう）

埴輪は何のために置かれたのでしょう？

   A：特に意味はない

   B：人が入れないようにするため

   C：お墓に入れられる人があの世で不自由しないため

第3問：（〇をしましょう）

大仙古墳などで有名な「前方後円墳」を造ったのは？

   A：天皇や，天皇の昔からの部下だけ

   B：えらく，金持ちの人なら誰でも

   C：あの形が好きな人なら誰でも

✅教科書や資料集を見て考えましょう。

当時の人々は古墳を嫌々造ったか？　　　　嫌々造った　　嫌々でない

そう考えた理由

授業をもっと楽しくする ＋α ネタ

！ 埴輪と土偶の違いは？

　子供たちは「埴輪」と「土偶」を混同しがちです。教師が整理することが大事ですね。土偶は主に縄文時代のものです。「縄文のビーナス」など，精巧な造りで，女性をかたどったものが有名です。一方で埴輪は古墳時代に大量に造られました。先に紹介したとおり，埴輪にはさまざまな形があります。埴輪の役割も古墳時代の初めと終わりでは違ったそうです。

　初期は，家などの形があり，あの世とこの世をつなぐ役割を果たしていたと考えられています。

　後期は古墳の堀の外にいろいろな埴輪が置かれています。これは，古墳を造らせた人が自分の権威や権力を周りに示す役割があったと考えられます。

！ 古墳づくりをする人に給料は支払われたか？

　「人々は古墳づくりを嫌々したのか」ということを考える際に，必ず「給料は支払われたか」ということが話題に出ます。文献を探してもなかなか答えが載っていないのは，この時代の日本には文字がなく，記録がないからです。そこで，大仙古墳の向かいにある堺市の歴史博物館の研究員の方に尋ねてみました。すると，「大仙古墳の工期が15年を超えたことを考えると，少なくとも食べ物くらいは保障されないと維持できません」とのこと。つまり，「お金ではないが，対価は支払われた」というのが妥当な答えのようです。

？ 巨大前方後円墳の場所にきまりはあるか？

　大仙古墳はどうしてあの位置に造られたのでしょうか。これは，海から目立って見える位置だからです。百舌鳥古墳群では，海から見て一番大きく見えるように，海岸線に平行に大きな２つの古墳が建てられていることが分かります。当時は，古墳の表面には敷石が張り巡らされ，太陽の光に反射してきらきらと輝いて見えたと考えられています。

？ 大和川朝廷から淀川朝廷へ？

　大阪城を北端とし，南北に長い「上町台地」以外の，現在の大阪府のほとんどの土地は，古代は海でした。大仙古墳などは，この上町台地の上の縁に建てられています。また，大仙古墳などの「百舌鳥古墳群」ともう１つ，「倭の五王の墓」で有名な「古市古墳群」は，現在の大阪の土地を造った大和川から見える場所に建てられています。古代の人々は，瀬戸内海を東に進み，大和川を上って奈良に大和朝廷を造りました。渡来人たちの多くもこうやって水路で奈良に至ったのでしょう。その，大和川をのぼる人々に力をアピールするために造られたのが古市古墳群だったのではないでしょうか。しかし，奈良時代には大和川は自ら運ぶ土砂で川底が浅くなり，大きな船が通れなくなります。そうすると，ものも人も移動がしにくくなります。そこで，都を大和川流域の奈良から，もう１つの大阪の大きな川，淀川流域の京都に移したと考えると面白くありませんか。勝手な想像ですが筋が通りますね。

参考文献
○若狭　徹『もっと知りたい　はにわの世界　古代社会からのメッセージ』東京美術
○須藤智夫・文／落合照世・絵『巨大古墳をつくる』岩崎書店
○寺沢　薫『日本の歴史02　王権誕生』講談社
○歴史学研究会，日本史研究会編『日本史講座１』東京大学出版会

03 聖徳太子は遣隋使を失敗していた？
―聖徳太子の大逆転―

　聖徳太子の学習は，歴史好きと歴史嫌いが分かれるターニングポイントとなるでしょう。それは一段と学習用語が増えるからです。

　この時代に提示するネタは，「歴史から消された幻の遣随使」です。一気に子供たちの興味を引きつけ，時代を捉えるところまで持っていきましょう。

ここで使える！ネタ一覧

大ネタ：幻の遣随使―笑われた聖徳太子の大逆転―

中ネタ：十七条憲法の逆読み

　　　　　　―「廊下を走るな」というルールはなぜできた？―

小ネタ：①聖徳太子は○○に歴史上初めて登った？

　　　　　　②聖徳太子の時代に初めて○○が使われ始めた？

日本側には記録がない「歴史から消された幻の遣隋使」

　日本書紀に初めて遣随使が出てくるのは，有名な小野妹子の607年です。しかし，実は，隋側には600年に日本から使者が来た記録が残っているのです。なぜ日本には600年の記録が残っていないのでしょうか。それは，「失敗だったから」だと言われています。なぜ失敗したのか。理由は，第1回の遣隋使たちが日本の政治の仕組みを問われても満足に答えられなかったからで，しかも，正式な「国書」さえ持っていなかったそうです。これを汚点と捉え，日本は記録に残さなかったのです。

🔍 当時を知るヒント！「十七条憲法の逆読み」とは？

　では，中国に国交を結んでもらえなかった日本は，当時どんな国だったのでしょうか？　「十七条憲法の逆読み」がヒントになります。「逆読み」とは，「決まりができたということは逆にいうとどんなことがあったか」を考えることです。例えば，学校でなぜ，「廊下を走ってはいけない」というきまりがあるのでしょうか。子供たちに問うと，「危ないから」という答えが返ってきます。では，なぜ，「空を飛んではいけません」というきまりはないのでしょうか。理由は簡単。「飛ぶ人がいないから」です。

　つまり，きまりが出されるときには，「今はこうだから，そうなってほしい」という願いが込められている場合があると考えられます。では，十七条憲法を逆読みしてみると……？

1条：和をもって尊しとなす。→和をもたないで，尊いとは思っていない。 2条：仏を敬え→仏を敬っていない。

なぜ隋が付き合ってくれなかったのか，分かってきます。

導入にピッタリ！ミニネタ一覧

　聖徳太子には様々な伝説が残っています。例えば……。

①聖徳太子の時代に初めて箸が使われ始めた

　有田先生の有名ネタ。隋に認めてもらうためと思えば筋が通りますね。

②聖徳太子は歴史上初めて富士山に登った

　もちろん，あくまで伝説です。しかし，雲に乗って富士山に登る絵などがあり，子供たちへのインパクトは抜群です。

③四天王寺は海から見る人たちにインパクトを与えるための並びで建てられた

　ねらいは古墳と同じ。今の海岸線とは違って，当時は四天王寺の辺りまで海がありました。海から見ると，海岸線に沿って一直線に並ぶ塔。海外から来た使者なども，さぞかし驚いたでしょう。法隆寺など，他の寺院と建物の配置が違う理由はここにあったのです。

単元プランの実際

第1時	○聖徳太子は，初めて○○に登ったといわれている。 ○聖徳太子の時代に○○が使われ始めた。 ○聖徳太子の大逆転―なぜ大逆転できたか？―
第2時	○聖徳太子は一度に○人の話を聞けた。 ○聖徳太子は一番多く○○になった人物。 ○「廊下を走るな」というルールはなぜできた？ 　十七条憲法の逆読みから当時の社会を創造する。 ○聖徳太子の政策で「大逆転」にもっとも効果があったのは？

授業展開と発問例

⏰第1時

　まずはクイズで始めます。聖徳太子の顔を紹介して，

クイズ 第1問：「聖徳太子は，日本で初めて○○に登ったといわれている」

クイズ 第2問：「聖徳太子の時代に初めて○○が使われ始めた」

　これは，適当に答えさせてみましょう。答えは，「富士山」と「お箸」です。加えて，国交を結ぶために「遣隋使」という使者を隋に送ったことを紹介します。ここで，

発問 「聖徳太子は隋と国交を結べたか」

と尋ねます。こんなにすごい聖徳太子なら，子供たちは喜んで受け入れられたと思うでしょう。しかし，結果は失敗。国交を断られています。このギャップが，「何で断られたの？」というハテナを生みます。先に示した理由を簡単に紹介した後，

発問 「どんな国にすると隋は国交を結んでくれるでしょう」

と問います。まだ聖徳太子の業績などは学習前ですから，予想で構いません。その後，教科書や資料集で用語などの確認をし，

発問 「聖徳太子は国交を結ぶためにどんな国にしようとしたか」

と問いましょう。十七条憲法や冠位十二階などを根拠に，「和を大事に」「実力主義で」「仏教を大切にする」などが出てくるとよいでしょう。

⏱第2時

ここでもクイズから。

クイズ ①聖徳太子は，一度に＿＿＿人が同時に話しても，内容が分かったといわれる」「②聖徳太子は一番多く，＿＿＿＿＿＿＿になった人物である」

　　答えは10人と，お札の肖像画。特に，「お札の肖像画になる人はどんな人？」と問い，「偉い人」などと出させ，「聖徳太子はどんなことをしたんだっけ？」と業績の復習にもっていくとよいでしょう。その後，

発問 「当時の日本の国の様子を知るため，十七条憲法の逆読みをしよう！」と発問します。一人で全部やると時間が足りないので，分担します。このとき，先に書いたように逆読みの具体を例示するとわかりやすいです。

　　次に第2回遣隋使の紹介を行います。まず，聖徳太子は607年に小野妹子に，有名な「日出ずる国の天子……。」の手紙を持たせ，皇帝を激怒させたところまでを説明します。ここでもう一度，子供たちに，

発問 「聖徳太子は隋と国交を結べたか」と尋ねます。実は成功し，対等な国交を結ぶことになったことを伝えると，子供たちは混乱します。ここで，もう一度聖徳太子の業績，

○冠位十二階の制定　○十七条憲法の制定　○仏教の力で国をまとめること
○お箸を使う　○立派なお寺を建てる

などを黒板などで整理し，

発問 「聖徳太子の業績で『隋と国交を結ぶという大逆転』のために一番効果があったのは」と問いましょう。

　　このとき，立場はどれでも構いません。ただ，立場を選んだ理由「政治の仕組み」として，「十七条憲法」や「冠位十二階」が出てくるとよいですし，「文化が追いついた」としてお箸が出てもよし。「仏教が広まった」と，四天王寺や法隆寺が出されてもよいでしょう。「立場の正解」を問うのではなく，あくまで，○大陸に国づくりを学ぶ，○仏教の力で国を治める，など，聖徳太子の「業績の整理のための発問」なのです。

聖徳太子の大逆転とは!?

組　名前（　　　　　　　　　　　　）

☑歴史クイズ！

①聖徳太子は，日本で初めて＿＿＿＿＿＿に登ったといわれる。

②聖徳太子の時代に，初めて日本では＿＿＿＿＿＿が使われ始めたといわれる。

☆600年，聖徳太子が隋（今の中国）に使いを送り，国交を結びたいと願い
　出ます。この中国への使いのことを＿＿＿＿＿＿という。

クイズ！「国交を結びたい！」への隋のお返事はどうだったでしょう。

　①OK。もちろん！喜んで！　　②ダメ!!出直せ

　③うーん……。ちょっと考えさせて　　　　　　　　　答え＿＿＿＿＿＿

☑どんな国にすれば国交を結んでもらえると思う？

な国

☑教科書や資料集を見て答えましょう。

①聖徳太子は，天皇の＿＿＿＿＿＿となって政治をすすめた。

②聖徳太子は，身分に関係なく，実力があればえらくなれる制度，
　＿＿＿＿＿＿をつくった。

③聖徳太子は，＿仏教の力　　太陽の力＿を使った国づくりを行うため，
　＿十七条憲法　　二十三条憲法＿をつくった。

④聖徳太子は，仏教の力を使った国づくりのため，＿法隆寺　　東大寺＿を
　造った。これは，今ある日本最古の木造建築物である。

☑聖徳太子は国交を結ぶためにどんな国にしようとしたか？

な国

✅ 歴史クイズ！
①聖徳太子は，一度に＿＿＿人が同時に話しても，内容が分かったといわれる。
②聖徳太子は一番多く，＿＿＿＿＿＿になった人物である。

✅ 「十七条憲法の逆読み」をしよう！
和をもって尊しとなす⇔和をもたないで，尊いとは思っていない。

```


```

✅ 聖徳太子は607年，２回目の遣隋使を送ります。
そのときに隋の皇帝に書いた手紙の内容は，
　　　　　「日出ずる所の天子，書を日没するところの天子に致す。」
日出ずる所……中国から見て日が出る方角にある国。つまり，（　　　　　　　）
日沈む所……日本から見て日が沈む方角にある国。つまり，（　　　　　　　）

```
＿＿＿＿＿＿の皇帝が，＿＿＿＿＿＿の皇帝に手紙を送ります。
ご機嫌いかがですか？よろしければお付き合いしましょう！
```

○もちろん，隋の皇帝は大激怒です。では，国と国の付き合いはできたので
　しょうか？（○をしましょう）
　　①できた　　②できなかった　　③一度，考えさせて

✅ どうして聖徳太子は遣隋使を成功させられたか？
　　①十七条憲法　②法隆寺，四天王寺の建築
　　③冠位十二階　④お箸　⑤その他　　　　　選んだ番号

```
理由

```

授業をもっと楽しくする +α ネタ

⚠ 聖徳太子は実在したか？

　少し前から，「聖徳太子は実在しなかった」という説が有名になり，世間を騒がせました。歴史通の子供の中には「聖徳太子っていなかったんでしょ」と聞いてくる子もいます。では，本当に存在しなかったのでしょうか。

　結論から言えば「いたけれども，業績のすべてが本当かは疑問」というところでしょう。しかし，少なくとも，聖徳太子だとされる「厩戸皇子」が存在したことは確かなようです。そして，彼の時代に冠位十二階が制定されたことも中国の書物から確認できるようです。しかし，十七条憲法は日本書紀以外に記録がなく，教科書に見られるような記述のまま出されたかは疑わしいといえます。

　つまり，聖徳太子の業績といわれているもののほとんどは，聖徳太子一人でやったということはいえないのです。聖徳太子と，それをサポートするいろいろな人の業績を集めてできたのが，現在私たちの知っている聖徳太子像だといえます。そして，その「サポートした人」というのが，もしかしたら蘇我氏だったのではないでしょうか。よく耳にする聖徳太子の業績は，日本書紀をもとにしている部分が多いです。日本書紀をつくった人は蘇我氏の功績を消し，悪人に仕立てる，代わりに聖徳太子という伝説的天才をつくり上げたと考えられるのです。

⚠ 遣隋使成功は聖徳太子の功績ではない？

　授業では，聖徳太子の功績によって隋との国交が始まったということを前提に学習プランを立てています。しかし，本当のところは聖徳太子が何をし

ようが2回目の遣隋使は成功していたという人もいます。その理由は，「隋は高句麗（今の朝鮮半島北部の国）と戦争状態であり，日本を敵に回したくなかったから」というものです。

　一方で，聖徳太子はそのタイミングすら見抜いていて，「今しかない」と考えて対策を練って様々な政策を実行に移したとも考えられます。十七条憲法や冠位十二階を制定し，渡来人にも目立つようにわざわざ上町台地の縁，巨大古墳と並んで見えるような位置に四天王寺を建てた。そして，そのタイミングで第2回の遣隋使を送り，隋の皇帝が反論をできないようにした。そんなふうに考えるのも面白いと思いませんか。

⚠ 蘇我氏は悪人か？

　蘇我氏はどこか悪人という風潮があります。しかし，本当にそうなのでしょうか。権力を得るために天皇を利用するという方法をとる人物は，娘を結婚させるという方法だけでも藤原氏，平氏，足利氏など，多くいました。だからこそこれは歴史の上では有力な方法とされてきたことが分かります。ですから，「自分の娘と天皇を結婚させる」という権力の握り方は必ず押さえておきましょう。

　むしろ，自らが権力を握るために暗殺をするという中大兄皇子と中臣鎌足のほうが子供たちにとっては衝撃的。暗殺が堂々と学習対象として扱われることはほとんどありません。しかし，ここでは暗殺もまた歴史でいえば決して珍しいことではない，ということを知っておきたいところです。

参考文献
○週刊『歴史のミステリー4号』デアゴスティーニ・ジャパン
○門脇禎二『蘇我蝦夷・入鹿』吉川弘文館
○ NHK『BS歴史館』制作チーム『NHK BS歴史館 常識逆転！の日本史』河出書房新社
○井沢元彦他『日本史汚名返上—「悪人」たちの真実』光文社

04 蘇我氏の大作戦！ ミッション：権力を握るために天皇の親戚になれ！

　教科書などでは１時間の一部でしかない「大化の改新」。しかし，蘇我氏の権力の握り方，中臣鎌足が後世に与えた影響などを考えると，必ず押さえておきたいポイントがあります。

ここで使える！ネタ一覧

大ネタ：蘇我氏と中大兄皇子，どちらがリーダーにふさわしい？
小ネタ：入鹿は「イルカ」か？

💡 蘇我氏と中大兄皇子，どちらがリーダーにふさわしい？

　古代の悪人代表といえば蘇我氏です。これは聖徳太子の子供を死に追いやったり，自分たちが権力を得るために天皇を利用したりしたことが理由のようです。一方でヒーローとしてあげられるのが中大兄皇子と中臣（藤原）鎌足。悪人といわれる蘇我氏を倒したことが一番の理由です。

　では，蘇我氏と中大兄皇子たちの二者はどちらがリーダーにふさわしいといえるのでしょう。こう考えることで，それぞれが目指した国づくりが見えてきます。蘇我氏はその優秀さで国をどんどんと引っ張るタイプのリーダー。新しいこともどんどん取り入れます。仏教を日本に取り入れる中心的役割を果たしました。中大兄皇子や中臣鎌足は伝統を大切にするタイプです。聖徳太子の「天皇中心の国づくり」をもう一度目指しました。どちらがリーダーにふさわしいと考えますか，なお，入鹿の名前の由来には２つの説があります。１つは，海の神様の力を借りるため，もう１つは中大兄皇子と中臣鎌足が本当の名前を消して卑しい名前をつけて後世に残したというものです。

単元プランの実際

第1時	○蘇我氏と中大兄皇子，どちらがリーダーにふさわしい？ ○入鹿は「イルカ」か？

授業展開と発問例

⏱第1時

　まずはクイズで始めます。

クイズ 第1問：「聖徳太子が亡くなった後，『蘇我氏』という人物が力をつけます。どうやって力をつけたでしょう」

①権力をもちそうな人物を死に追いやった　　②天皇と親せきになった

③優秀な人物だったから周りに認められた

　　答えはすべて。聖徳太子の子を死に追いやったことに子供は驚きます。

クイズ 第2問：「『入鹿』という変わった名前，どうやってついた？」

①動物のイルカから　　②鹿を家に飼っていたことから

③恨まれて殺され，本当の名前を消され変な名前を死んだあとで付けられた

　　答えは①，③。一体なぜそんなに恨まれたのでしょう。

発問 「蘇我氏が恨まれたのは，『蘇我氏の政治のやり方やふるまい』が原因。蘇我氏のふるまいで『十七条憲法』に違反したことを探そう！」

　　蘇我氏がしたとされることを列挙します（内容はワークシートに記載）。十七条憲法の当該部分を提示し，○や×を書かせます。そして，「聖徳太子の目指した国づくりに反したこと」に気づかせます。その後，語句の確認をし，今度は中大兄皇子，中臣鎌足の行った大化の改新に同様の○×をつけさせます。ここでは，後の平安時代の学習のために必ず中臣（藤原）鎌足の名前は強調しておきましょう。そして最後に，

発問 「蘇我氏と中大兄皇子，どちらがリーダーにふさわしい？」

と問いましょう。ここでは，子供が選ぶ立場よりも，理由として二者の業績の整理が出されることを目的としています。学習した内容を，直接「整理しよう」と問うのでなく，間接的に問うて整理させているのです。

蘇我氏の権力の秘密を探れ！

組　名前（　　　　　　　　　　　　）

☑ 歴史クイズ！（○をしましょう）

第1問：聖徳太子がなくなった後，「蘇我氏」という一族が力をつけます。
どうやって力をつけたといわれているでしょう。

　　①権力をもちそうな人物を死に追いやった　　②天皇と親せきになった

　　③優秀な人物だったから周りに認められた

第2問：「蘇我入鹿」という人物の変わった名前，どうやってついた？

　　①動物のイルカから　　②鹿を家に飼っていたことから

　　③うらまれて殺され，本当の名前を消され変な名前を死後につけられた

☑ 教科書や資料集を見て答えましょう。

①聖徳太子がなくなると，　伊藤氏　蘇我氏　が天皇を超える力をもった。

②天皇中心の国をつくろうとした＿＿＿＿＿＿（後の天智天皇）と，

　＿＿＿＿＿＿（後の藤原鎌足）は，＿＿＿＿＿年，蘇我氏をたおした。

③その後の天皇中心の国づくりのための改革を，＿＿＿＿＿＿という。

☑ 蘇我氏はなぜそんなにうらまれたか？蘇我氏のしたことで「十七条憲法」
　に違反したことを探そう！また，中大兄皇子と中臣（藤原）鎌足がした
　といわれることが「十七条憲法」に当てはまるか考えよう！

蘇我氏がしたといわれること

①入鹿は，天皇の許可なく，父から冠位十二階の最高位（紫）をもらった。

②自分の子を「皇子（天皇の息子の呼び方）」と呼んだ。

③天皇のやるはずの行事を自分がした。

④気に食わないライバルを殺した。

⑤仏教を大切にし，日本初のお寺（飛鳥寺）を建てた。

✅中大兄皇子や中臣鎌足がしたこと

①天皇を中心とした国づくりを目指した。

②蘇我氏（ライバル）を暗殺した。

③中大兄皇子は自分が天皇になった。

④土地や人々は自分（天皇）のものとした。

十七条憲法チェック！　OK なら〇，だめなら×を書こう！

十七条憲法（番号は条番）	蘇我氏	中大兄皇子 中臣（藤原）鎌足
①和を大事にして争わないようにしなさい。		
②仏・決まり事・お坊さんを大事にしなさい。		
③天皇の命令には必ずしたがいなさい。		
④礼儀を大事にしなさい。		
⑥悪をこらしめ，いいことをしなさい。		
⑦権力に任せて勝手なことをしてはいけません。		
⑩人が自分と違う考えでも怒ってはいけません。		
⑰物事を一人で決めずに話し合って決めなさい。		

✅蘇我氏と中大兄皇子どちらがリーダーにふさわしい？

蘇我氏　　中大兄皇子

理由

05 聖武天皇が建てたものは，今でいうと「スカイツリー」？ ―大仏だけではない聖武天皇―

　奈良時代というと大仏づくり。しかし，「国分寺の建設」にはあまり注目されないことが多いです。聖武天皇は，国分寺の建立において境内に七重の塔を建てることも指示します。当時の人々にとって大仏が奈良時代の「シンボルキャラクター」のような存在になったのに対し，「七重の塔」は各地に突然建てられた「スカイツリー」のようなものだったのかもしれません。

ここで使える！ネタ一覧

大ネタ（大発問）：人々は大仏を嫌々造ったか？
中ネタ：聖武天皇は神様？
小ネタ：①聖武天皇の時代に襲った災害とは？
　　　　　②奈良時代の浦島太郎には○○が出てこない？

なぜそこまでして大仏を造ったか？

　大仏を造るために，延べ260万人の人たちが働きました。北は今の山形県，南は種子島までに国分寺を造っています。なぜここまでして仏教を広めようとしたのでしょう。それは，「みんなの不安を鎮めるため」です。

　「防人」という人たちのことを聞いたことがあると思います。当時は大陸から他の国が攻めてくる可能性があったため九州の守りを固めていました。また，聖武天皇の時代は災害が頻発した時代でもありました。当時，災害などの原因は国を治める者の行いが原因だといわれました。聖武天皇はさぞかし気を病んでいたのではないでしょうか。そこで，「仏の力で国を救ってもらおう！」と考えたのです。実際，大仏の工事には天皇自ら参加したともい

われています。

 聖武天皇はどうやって人々の心をつかんだか？

　人々の心をつかみ，国を治めるため，聖武天皇は驚くほど大きな仏像を造ったり，日本の各地に驚くほど高い塔を建てたりしました。特に，当時の，奈良から離れて住んでいた人々にとっては，天皇や朝廷は見たこともないし想像もできないものだったでしょう。ところが，その見たこともない天皇からの命令で，とんでもなく大きな建物が自分の村に建てられていく。まだ竪穴住居に住んでいた人も多かった時代です。天まで届くような七重の塔を見た人たちの中には，「こんなことができる天皇とは何者なんだ？」「神様かもしれない」と感じた人もいたでしょう。大仏や国分寺には人々の心をつかむ効果もあったことでしょう。

　また，単なる命令だけでは人々は言うことは聞きません。人というのは，「何を言われたか」よりも，「誰に言われたか」で動く生き物です。人々のために橋を作るなどの功績で人々に人気があった行基の協力を得たことも，大仏づくりを進められた大きな要因でしょう。

導入にピッタリ！ミニネタ一覧

　①大仏殿の参道の石はどこのもの？

　　昭和の改修で東大寺の参道には4種類の敷石が敷かれました。外側からインド，中国，朝鮮，日本です。これは，仏教が伝わった道を表しています。

　②現在の大仏で，奈良時代につくられたのは一部分だけ!?

　　写真などで見る大仏。よく見ると上はきれいですが下のほうはくすんでいます。実は大仏は二度の大火によって焼かれています。一度目は平安時代末期。二度目は戦国時代です。どちらの火災によっても大仏は大きな被害を受けました。現在の姿になったのは江戸時代のことだそうです。

単元プランの実際

第1時	○人々は大仏を嫌々造ったか？ ○万葉集の「浦島太郎」に出てこないのは？ ○聖武天皇の時代を襲った災害とは？
第2時	○海を渡ってきたもので一番価値あるものは？ ○奈良時代にすでにあったものは？ ○「十六」と書いて何の動物を表す？

授業展開と発問例

⏰第1時

　まずは奈良時代のクイズから。

クイズ 第1問：「奈良時代の万葉集に書かれた浦島太郎。出てこないのは？」

A：浦島太郎　　　B：亀　　　C：玉手箱

　答えはBです。万葉集に浦島太郎がのっていることに驚きます。

クイズ 第2問：「聖武天皇の時代に襲った災害は次のうちどれ？」

A：大地震　　　B：大干ばつ（ものすごい水不足）　　　C：ききん（食料不足）
D：疫病（病気がはやる）　　　E：九州の海底火山の噴火

　答えはすべて（『日本歴史災害事典』）。火山の噴火後，大仏を造る詔を出します。クイズの後，「自分が国を治めていて，これだけ災害が起こったらどうするか」と問います。自然とつながります。

発問 「『聖武天皇は○○○の力に頼った！』○に入る言葉は何？」

　答えは「仏様」，もしくは「仏教」。

　ここで，教科書を読んで語句の確認をします。そして，聖武天皇が「大仏建立の詔」を出し，延べ260万人もの人々が関わり，全国から材料が集められたことを確認します。国分寺に関しても，塔の高さを含めて説明や確認を行います。その後，

発問 「当時の人々は喜んで聖武天皇に協力したか？」

と問いましょう。ここで，「聖武天皇の国を救いたいという思い」「行基がいたから協力した」「七重の塔を見て驚いた」「遠くから来るのは嫌だっただろ

う」などの意見が出るとよいでしょう。

⏱第2時

ここでもクイズから。

[クイズ] 第1問：「奈良時代，すでにあったものは何」

A：醤油　　　B：印刷物　　　C：にぎりずし

答えはB。現存する世界最古の印刷物は770年に印刷された陀羅尼100万枚。中国から伝わった技術で，日本では早くから紙が作られます。

[クイズ] 第2問：「奈良時代の言葉遊びで『十六』は何の動物を表した」

A：イノシシ　　　B：犬　　　C：ライオン

答えはA。十六だけに，「四四（しし）」。つまり，すでに九九も存在したことが分かります。九九は，中国から伝わりました。1300年前からあった九九を今も学習しているのです。面白いですね。これは，「いろいろなものが海外から伝わった」ということで，次のクイズへの布石となっています。

[クイズ] 第3問：「大仏殿に続く道。実は秘密が隠されています。それは何」

A：大仏様にふさわしく，日本のお寺で一番広い

B：超高級な石が使われている

C：いろいろな国の石が使われている

答えはC。インド，中国，朝鮮，日本の石が使われています。ここから，「世界とつながっていた」という事実を確認できます。他にも，奈良時代には様々なものが海を越えて渡ってきました。教科書や資料集で正倉院の品々や，鑑真のエピソードなどを確認しましょう。そして，その後，

[発問]「奈良時代に海を渡ってきたもので，一番価値のあるものは何」と問います。正倉院の品々，そして鑑真という人，他にも政治の仕組みや文化などが出てくると面白いですね。「九九」という子もいるかもしれません。ちなみに，鑑真が上陸したのは，実は鹿児島県です。今でも上陸地には海を見つめる鑑真の像が置かれています。

聖武天皇が目指した国づくりとは!?

組　名前（　　　　　　　　　　　）

☑ 歴史クイズ！（○をしましょう）

①奈良時代の書物「万葉集」に書かれた浦島太郎。出てこないのは？

　　A：浦島太郎　　　B：亀　　　C：玉手箱

②聖武天皇の時代に襲った災害は次のうちどれ？

　　A：大地震　　B：ものすごい水不足（大干ばつ）　　C：食料不足（ききん）

　　D：病気がはやる（疫病）　　E：九州の海底火山の噴火

☑ 国がこんな状態のとき，あなたが天皇ならどうする!?

☑ 聖武天皇は，○○○の力に頼った。「○○○」に入るのは？

☑ 教科書や資料集を見て答えましょう。

①聖武天皇は，＿＿＿＿＿＿の力を借りて人々を安心させ，国を守ろうとした。

②大仏づくりの材料と人は＿＿＿＿＿＿から集めた。

③日本中に＿＿＿＿＿寺を建てた。国分寺には七重の塔も建てる命令をした。

④聖武天皇は，人々に人気のあった＿＿＿＿＿＿に協力を頼んだ。

☑ 教科書を読んで考えましょう。

○人々は喜んで聖武天皇に協力したか，嫌々協力したか？

喜んで　　嫌々

理由

✅歴史クイズ！（〇をしましょう）

第１問：奈良時代，すでにあったものは何？

　　A：しょうゆ　　　B：印刷物　　　C：にぎりずし

第２問：奈良時代の言葉遊び。「十六」は何の動物を表した？

　　A：イノシシ　　　B：犬　　　C：ライオン

第３問：大仏がある大仏殿に続く道。実は秘密が隠されています。それは何？

　　A：大仏様にふさわしく，日本のお寺で一番広い

　　B：超高級な石が使われている

　　C：いろいろな国の石が使われている

✅教科書や資料集を見て答えましょう。

①仏教を正しく教えるために，＿＿＿＿＿＿＿＿が中国（唐）から招かれた。鑑真
　が建てたお寺を＿＿＿＿＿＿＿という。

②日本から海を渡っていった朝廷からの使いを＿＿＿＿＿＿＿という。遣唐使や
　留学生たちによって，中国の進んだ政治の仕組みや文化が日本に伝わった。

③東大寺の＿＿＿＿＿＿＿には，日本のものだけでなく，世界中から集められた
　聖武天皇のコレクションが収められている。

④奈良時代，奈良に置かれた都のことを　平安京　　　平城京　という。

✅教科書や資料集を見て答えましょう。

☆奈良時代に海を渡ってきたもので，一番価値のあるものは何？

そう考えた理由

授業をもっと楽しくする ＋α ネタ

! 聖武天皇の生きた奈良時代は散々な時代だった？
―聖武天皇はなぜそんなに仏にこだわったか―

　聖武天皇は，西暦でいうと701年から756年に生きた人物です。聖武天皇といえば紹介した通り，大仏を始めとした「仏教」を中心とした国づくりを進めようとした人物。しかし，あんな大きな仏像を建てたり，全国に国分寺を建てたり，その仏教へのこだわりたるや，狂気じみたものさえ感じます。何が彼をそこまで突き動かしたのでしょうか。それは，彼が生きた時代に起こった「災害」を見ると少しわかるかもしれません。

西暦	聖武天皇が生きた時代の災害と主な出来事
701	丹波地震，四国から関東にかけての風水害，大宝律令成立
706	慶雲飢饉，疫病の流行
709	和銅長雨
710	平城遷都，霖雨，凶作
711	干ばつ，凶作，飢饉
715	遠江地震，翌日に三河地震
724	**聖武天皇，即位**
734	天平大地震
737	天然痘の流行（政府の高官の多くが死去）
741	**国分寺建立の詔**
743	**大仏建立の詔，墾田永年私財法**
745	美濃大地震，近江の都周辺で山火事頻発
749	**聖武天皇退位**
752	**大仏完成，開眼法要**
754	鑑真来日
756	聖武天皇死去

＊『日本歴史災害事典』をもとに筆者作成

　当時，自然災害は天皇の不徳を示すものと考えられており，天皇は自然災害が起こると国家に徳を示す必要がありました。そのために聖武天皇は仏教を利用したと考えられるのです。

 万葉集ってどんなもの？―万葉集から見る奈良時代―

　万葉集といえば，①奈良時代にできて，4000種以上の歌が入っている。②「防人の歌」と「貧窮問答歌」が有名。③柿本人麻呂と大伴家持が有名。というくらいの情報しか教科書には載っていません。なぜこんなものがつくられ，他にどんなことが載っているのでしょうか。

　ご存知の通り，万葉集には「詠み人知らず」の句が2000句以上と半分以上を占めています。そういった句がどうして選ばれ，残されたのか。それは，万葉集が「資料集」として使われたからです。おそらくは大伴家持を中心にまとめられた万葉集。歌人としても有名な家持が，後世によい歌を伝えるための資料集として選び，まとめられたのが万葉集ともいえるのです。

　万葉集には，本文で述べた通り下のような浦島太郎の話も入っています。

　昔，「浦島」という子がいた。ある日，鰹やら鯛やらが釣れて得意になっているところで，海の神様の娘とたまたま出会い，そのまま結婚の約束をした。そのまま不老不死の国に行き，海の神様の屋敷に二人で入り，長い間暮らした。ところが愚かな浦島は「一度家に帰って両親に今のことを伝えてくる」と言って玉手箱を受けとり，不老不死の国を出た。しかし，いくら探しても家は見つからず，「あけてはいけない」と言われた玉手箱をあけてしまい，浦島は死んでしまった。

　もちろん，浦島太郎は他にも様々な形で伝えられています。

参考文献
○谷口広樹『万葉集　ビギナーズ・クラシックス』角川書店
○佐藤健太郎『世界史を変えた新素材』新潮社
○北原糸子他編『日本歴史災害事典』吉川弘文館

06　鎌足は道長の活躍を喜んだか？

　藤原道長といえば，「この世をば……」の句で有名です。「日本史上最も権力があった人物」といわれることもあります。この時代では，道長がどうやって強大な権力を握ることができたのか。そして，道長を通して貴族の生活を捉えていくことが目標となってきます。

ここで使える！ネタ一覧

大ネタ：鎌足は道長の活躍を喜んだか？

小ネタ：①「藤原保輔」という恐ろしい人物の正体は？

　　　　　②平安時代の美人＆素敵な男の条件とは？

　　　　　③道長の記念切手。何の記念？

鎌足は道長の活躍を喜んだか？

　道長は，自分の娘を天皇のお嫁さんにして孫を天皇にし，権力を万全なものにしました。でもこれって，数百年前の誰かに似ているような……。そう，ご先祖様である中臣鎌足が倒した蘇我氏にそっくりなのです。そこでここでは，「鎌足は道長の活躍を喜んだか？」と聞くことで，道長の業績の整理，そして蘇我氏との共通点，そして違いに気づけるようにしてみましょう。

平安時代と奈良時代，どちらがいい時代か？

　文化の学習をした後，「平安時代と奈良時代，どちらがいい時代か」と問うてみましょう。そうすると，貴族のくらしや平安時代の文化の整理ができ

るはずです。しかし，一方で都は廃れ，国中に病気や飢饉が蔓延した時代で
もありました。さて，聖武天皇ならこんな時代になんとコメントしたでしょ
うか。

💡「藤原保輔」という恐ろしい人物の正体は？

　決して有名でない「藤原保輔（ふじわらのやすすけ）」という人物。この
人は実在の平安貴族であり盗賊でした。宇治拾遺物語では，「何人もの商人
たちをだまして誘い出し，殺害して金品を奪って埋めていた」という物語が
載っています。この物語は，「都中をのし歩いて，盗みをしまくって過ごし
た。それは，何となくは皆の耳に入っていたが，どうしたわけか，保輔は逮
捕されることもなくて過ぎた」という結末です。もちろん，「物語」ですか
ら実際の話と異なる部分もあるでしょうが，文献には，「当時の読者は，保
輔の兄保昌の背後に藤原道長や頼通がついていたことと，逮捕されなかった
ことは，無関係ではないと思っただろう」（『宇治拾遺物語ビギナーズクラシ
ック』）と書かれています。ここから，いかに道長，頼通の権力が強かった
かが分かるので，「2人がどんな人物なのか？」と問うきっかけになるでし
ょう。

💡 平安時代の美人＆素敵な男の条件とは？

　時代も変われば価値観も変わります。そこで，有田ネタの「平安美人の3
条件」に付け加えて，「平安時代の素敵な男の3条件」を紹介します。清少
納言は素敵な男の3条件として，「顔立ちが整っている」，「余裕がある」，
「機転が利く」という3つを挙げています。現在でも通用するのでは!? もち
ろん，ネタから「寝殿造り」につなげたいところです。

単元プランの実際

第1時	○ご先祖様（鎌足）は道長の活躍を喜んでいるか？ ○保輔が捕まらなかったのは？ ○道長，頼通親子に関係のあることは？
第2時	○平安時代と奈良時代，どちらがいい時代？ ○「子子子子子子子子子子子子」何と読む？ ○平安時代の美人の条件は？

授業展開と発問例

○第1時

クイズ 第1問：「平安時代に『藤原保輔』という人がいました。この人は盗賊でしたが，物を盗んでも，人を殺してもしばらく逮捕されませんでした。それどころか，トップ30に入るほどのえらい位をもらっています。なぜ？」
①悪い人からだけものを盗る，いい盗賊だった
②朝廷（政府）の偉い人の親戚であり，兄が偉い人と知り合いだった
③逃げるのが得意だった

　答えは②。兄の保昌という人物が道長，頼通父子に仕えていました。

クイズ 第2問：「では，この親子に関係のあるもの（人物）はどれ？」
①中臣鎌足　　②10円玉　　③糖尿病　　④蘇我氏

　答えはすべて。ちなみに蘇我氏は，「娘を天皇の后にした」つながりです。加えて，道長の描かれた記念切手を紹介し，「何の記念か？」と問うのも面白いですね（詳しくは「＋αネタ」に）。「では，道長とはどんな人物だったのでしょう」と道長について教科書や資料集で語句の確認をします。そして，

発問 「ご先祖様（鎌足）は道長の活躍を喜んでいるか」

と問います。ここでは，「道長は中臣鎌足の子孫である」，「道長は蘇我氏のように娘を天皇の后にした」，「聖徳太子の目指した『天皇中心の国』が崩れた」，「権力を握るために天皇を利用することは繰り返される」ことを押さえます。ここでも，立場でなく，理由づけを本時のまとめにします。

⏰第2時

　ここでは文化の学習を行います。まずはクイズから。

クイズ 第1問：「平安時代につくられたクイズ「子子子子子子子子子子子子」。何と読む」

　子供たちに問い，適当に答えさせましょう。答えは，「ねこの子は子ねこ。ししの子は子じし」です。当時は，今の片仮名の「ネ」を「子」と書くことがあり，「子」は，「こ」とも「し」とも，干支の「子」とも書いたそうです。

　片仮名や平仮名が生まれたことに触れるきっかけにします。そして，

クイズ 第2問：「これは何という平仮名のもとになった漢字」

　ここでは，「安→あ」「以→い」など，文字の変化をクイズで出すと盛り上がります。片仮名の「阿→ア」「伊→イ」なども聞いてもよいでしょう。

クイズ 第3問：「平安時代の美人の3条件，素敵な男の3条件とは？」

　これは楽しく，わいわい考えさせるとよいでしょう。このとき，紫式部など，当時の女性の絵を見せてヒントにしてもいいですね。美人3条件は，「顔が白い」「髪が長い」「顔が大きい」です。あくまで「寝殿造り」に触れさせるための布石のクイズです。「では，清少納言のいう素敵な男の3条件は？」と，ついでにどこかで問うのもよいでしょう。そして，

発問 「なぜこれが美人3条件なのか？寝殿造りの仕組みに理由があります。それはなぜ」

と問います。これは，「昼でも暗いこと」が挙げられます（おそらく正解は出てこないので，ヒントが必要です）。暗いから，顔が白くないと見えない。顔が大きくないと見えない。髪が長くないと目立たない。ということです（また，十二単に注目させるために，「トイレはどうしていたのか？」という有田ネタを利用するのもよいです）。その後，語句の確認をしてから，

発問 「平安時代と奈良時代，どちらがいい時代か」

と問いましょう。立場はどちらでもよく，ここでは特に道長のくらしや権力の強さの要因，そこから見る貴族のくらし，文化などが平安の理由として出てくると時代を捉えたといえるでしょう。

古代

鎌足は道長の活躍を喜んだか？平安時代の文化を知ろう！

組　名前（　　　　　　　　　　　）

☑歴史クイズ！

第１問：平安時代に「藤原保輔」という人がいました。この人は盗賊だったのですが，物を盗んでも，一説には人を殺してもしばらく逮捕されませんでした。それどころか，朝廷でトップ30に入るほどのえらい位をもらっています。なぜ？（○をしましょう）

　　①悪い人からだけものを盗る，いい盗賊だった

　　②朝廷（政府）のえらい人の親戚であり，兄がえらい人と知り合いだった

　　③逃げるのが得意だった

第２問：では，この親子に関係のあるもの（人物）はどれ？（○をしましょう）

　　①中臣鎌足　　②10円玉　　③糖尿病　　④蘇我氏

☑教科書や資料集を見て答えましょう。

①８世紀（700年代）の末，京都に＿＿＿＿＿という新しい都がつくられた。

②力をつけた貴族が勢力を争うようになり，中でも天皇とのつながりを深くした　蘇我氏　藤原氏　が力をもった。

③11世紀（1000年代）の初め頃，＿＿＿＿＿は自分の３人の娘たちを天皇と結婚させ，天皇に代わって政治を動かすほどの権力をもっていた。

④貴族たちは，＿＿＿＿＿とよばれる広い屋敷に住んだ。

⑤貴族たちは，自分の土地をもち，自分たちで＿＿＿＿＿を集めた。

☑ご先祖様（鎌足）は道長の活躍を喜んでいるか？

喜んでいる　　喜んでいない

理由

☑歴史クイズ！

第1問：平安時代のクイズ「子子子子子子子子子子子子」。何と読む？

第2問：この漢字，何のひらがなのもとになった？

安→ □　　　以→ □　　　加→ □

第3問：平安時代の美人の3条件は？

□　　　　□　　　　□

第4問：なぜこれが美人3条件なのか？それは，寝殿造りのつくりに理由が
あります。さて，その理由とは？

○実は，寝殿造りは＿＿＿＿＿＿＿＿＿＿＿＿＿＿＿＿＿＿だったから！

☑教科書や資料集を見て答えましょう。

①平安時代は，中国などの影響を受けながら，日本どく自の文化，
＿＿＿＿＿＿が生まれた。

②漢字をくずした　かたかな　　ひらがな　や，漢字の一部をとった
　ひらがな　　かたかな　がつくられた。

③紫式部は＿＿＿＿＿＿を書いた。主人公のモデルは道長と言われる。

④清少納言は＿＿＿＿＿＿を書いた。貴族の暮らしや自分の感じたことなどを，
　かな文字を用いて書いている。

第5問：平安時代の有名人，清少納言のいう素敵な男の3条件は？

□　　　　□　　　　□

☑平安時代と奈良時代，どちらがいい時代か？　　平安時代　　奈良時代

理由

授業をもっと楽しくする ⁺ᵅ ネタ

⚠ 清少納言のこだわりのいろいろ—平安時代の流行を調べよう！—

　清少納言は，枕草子の中で，生活の中で感じたことを，好き・嫌いを含めてたくさん紹介しています。いくつか紹介しましょう。

○憎きもの→愚痴っぽく，噂好きの人。

○めったにないもの→舅に褒められる婿，姑に褒められる嫁。

○はらはらするもの→好きな男が酔っぱらって同じことばかりしゃべること。

○いいお坊さんの条件→顔が整っている。

　どうでしょう？「春は明け方だよね」の冒頭だけではなく，清少納言が感じたことがつらつらと，隠すことなく書かれている枕草子。清少納言の感性に感動すらしますが，当時の人たちが何に感動し，怒っていたのか。何を楽しいと素直に感じていたのかが垣間見えるのです。

⚠ 道長が切手になっていた！なぜ？

　平成6（1994）年，道長が記念切手になっています。さて，これは何の記念切手なのでしょうか。実は，「第15回国際糖尿病会議」の記念切手なのです。一説には，道長は日本の歴史に残る最古の糖尿病患者といわれています。ですから，糖尿病を代表する人物としてデザインされたのでしょう。実は，道長は様々な病気に悩まされていたそうです。糖尿病，白内障，胸病，気管支喘息などです。他の病気はともかく，道長の糖尿病は生活習慣によるものだったと考えられるでしょう。どのような生活を送っていたのか，ここから平安貴族の生活に迫るのも面白いですね。ちなみに，記念切手はインターネットを通じて現在でも購入することが可能です。

ⓘ 平安時代,「おはよう!」は言わなかった?

　平安時代の文章を読むと,朝のあいさつとして「おはよう」という言葉は出てきません。代わりに,「寒い」「暑い」「雪」「雨」など,気候・天候に関することが多かったようです。

　「おはよう」を言わない理由は,「そもそも,みんな早かったから」だそうです。それよりも,気候・天候に関することのほうが人々にとって重要であったからと考えられるそうです。

古
代

ⓘ 節分ではワタナベさんのもとには鬼が来ない?

　金太郎の名前はご存知だと思いますが,金太郎が何をした人物かをご存知ですか。実は,金太郎の話は平安時代の物語がもとになっています。金太郎はその力を認められて都勤めとなった後,「大江山の鬼退治」に行きます。そこで「渡辺綱」らとともに日本最強の鬼「酒呑童子(しゅてんどうじ)」を退治します。この話から,「渡辺」という名字の人を今でも鬼たちは恐れ,節分のときにも寄りつかないそうです。

参考文献
○角川書店編『枕草子　ビギナーズ・クラシックス　日本の古典』角川ソフィア文庫
○伊東玉美編『宇治拾遺物語　ビギナーズ・クラシックス　日本の古典』角川ソフィア文庫
○朧谷　寿『NHK さかのぼり日本史　⑨平安』NHK 出版
○小林千草『ことばの歴史学』丸善

07 源平合戦！リーダーとしてふさわしいのは清盛？頼朝？

　源平合戦には逸話がたくさんありますね。弓の名人那須与一，船を8艘も飛び越えた義経。牛の角に松明をつけた頼朝。エピソードだけでも面白おかしく話すことができます。しかし，学習においては，エピソードが面白い時代こそしっかり腰を据えて時代を捉えましょう。

ここで使える！ネタ一覧

大ネタ：リーダーにふさわしいのは清盛？頼朝？

小ネタ：①運動会の赤VS白の秘密

　　　　　②新しいリーダーの条件，「武力」

　　　　　③どんな生活をしているかは，〇〇を見ればわかる？

💡 リーダーにふさわしいのは清盛？頼朝？

　清盛は，自分の娘を天皇のお嫁さんにして孫を天皇にし，権力を万全なものにしようとしました。でもこれって，誰かに似ているような……。そう，藤原道長，蘇我氏にやっぱりそっくりなのです。歴史は繰り返す？

　さて，頼朝の父を破った清盛は父の忠盛のように，貿易によるお金稼ぎでずいぶんと儲け，朝廷とつながることができました（清盛は，実は天皇の子だったという説もあります）。そして，武士として初めて「太政大臣」になります。しかし，どれだけ出世しようと清盛は「関白」とか「摂政」にはなれないのです。なぜなら，この2つは，藤原氏しかなれないという「慣例」があったからです。

　つまり，清盛は「お金」で天皇に近づき，「娘を天皇の后にする」という

昔ながらの方法で日本のリーダーという地位を手に入れたのです。そして，自分の一族を大切にし，「平家でなければ人じゃない」とまで言いました。

　一方の頼朝は，清盛に命は許され伊豆で過ごすことになりました。そして，以仁王の命令によって「打倒平氏代表」として立ち上がったのです。仲間として有名なのが，弟の義経，妻の家族の北条氏でした（ちなみに，北条氏は平氏の一族です）。さて，壇ノ浦の戦いで平氏を破った後，頼朝は弟の義経を討伐します。一方で，平氏だろうが関係なく，妻の家族である北条氏は大切にしたのです。しかも，過去のリーダーのように天皇に近づくことはせず，その代わり武士のリーダーの称号を天皇からもらいました。それが「征夷大将軍」です。長い歴史の中でも，大概のリーダーは武力をもっているもの。そして，武力を背景に権力をもつのです。つまり頼朝は，権力をもつための権利を天皇に認めさせたということです。つまり，天皇は「偉くて強い」人物だったのに，頼朝は天皇から「強い＝武力」を譲らせたということなのです。当時としては斬新な考え方ですね。

　まとめると，頼朝は，「使える人物は誰でも使い」「武力」をもつことの「お墨付き」をもらったことを背景に，リーダーという地位を手に入れたのです。

　皆さんはどちらのほうがリーダーにふさわしいと考えますか。

導入にピッタリ！ミニネタ一覧

①運動会はなぜ「赤 VS 白」なのか？

　当時，源氏の旗印は白色，平氏の旗印は赤色でした。この「源平合戦」の色をもとに現在も使われています。

②鹿島アントラーズ→せんとくん→宮島

　上の３つの共通点は何かわかりますか。答えは「鹿」です。（諸説ありますが）奈良の鹿は，茨城県の鹿島から来たものだとされています。そして，宮島の鹿は清盛が奈良から連れていったものだとされているのです。

単元プランの実際

第1時	○蘇我氏と道長からの清盛へのアドバイスを考えよう！ ○源平合戦をもとに○○が始まった。 ○清盛に天国から「友だち申請」。誰から？
第2時	○清盛は○○持ち。頼朝は○○持ち？ ○清盛と頼朝。リーダーにふさわしいのは？

授業展開と発問例

⏱第1時

まずは，現在と歴史の思わぬつながりのクイズから始めます。

発問 「学校の行事で源平合戦がもとで始まったものがあります。それは何」というものです。答えは「紅白での争い」。学校では運動会といえます。子供たちには「赤白帽子」を紹介するといいでしょう。教科書の絵に，源氏と平氏の旗が入っているものがあるなら，ヒントとして見せてもいいでしょう。

そして，教科書や資料集で語句などを確認した後，

発問 「清盛に天国から『私とあなたは似ているので友だちになりましょう！』と手紙が来たとしたら誰から」

と問います。

A：蘇我入鹿　　　B：藤原道長　　　C：卑弥呼

もちろん，教科書や資料集をもとに考えさせます。正解を選ぶとすれば，AかBでしょう。それは，「清盛も蘇我氏，藤原氏と同じように娘を天皇の后としたから」というわけです。蘇我氏，そして道長のときにも学んだ方法を使って清盛は権力を得るのです。これまでの二者と違うのは，「平氏が個人的に中国と商売をして莫大な利益を得ていた」ということでしょうか。

そして最後に，次のように問います。

発問 「蘇我氏と道長から清盛にアドバイス！『権力を得るためには○○したら（しなかったら）いいよ！』の○○に入る言葉を考えよう！」

「自分の家だけ大事にしすぎないように」「天皇の命令には従うように」など，これまでの歴史で学んだことが活かされるようにしましょう。

　初めに，「蘇我氏，道長のアドバイスもむなしく平家が滅びました」とい
う結論から子供たちに伝えて授業を始めます。そして，それが「源氏」によ
って滅ぼされたことにも触れます。滅びた原因の1つを，

(発問)「平家は○○持ちを目指し，源氏は○○持ちを目指したから」
というクイズにして問います。

　答えは，平家は「お金持ち」源氏は「お米持ち」です。詳しくは＋αネタ
に記しましたが，源平合戦中にも大飢饉が起こり（養和の飢饉），「お金を持
っていても仕方がない状況」が生まれたということは子供たちもイメージし
やすいでしょう。インターネットなどで「養和の飢饉」について検索し，様
子を話すのもよいでしょう。

　そして，教科書や資料集で語句の確認などをした後，

(発問)「清盛と頼朝，リーダーにふさわしいのは」
と問いかけます。このとき，
○本拠地にした場所（神戸と鎌倉）
○権力の背景（天皇を利用した権威と天皇を利用した武力）
○部下の選び方（「平家でないと人でない」「平家だろうが優秀なら OK」）
というポイントで比較ができるといいですね。ここで，「清盛は今までの権
力者のように貴族のリーダーとなって国を治めようとし，頼朝は武士の統領
（武力を背景にした）となることで，国を治めるという方法をとった」とい
うことには必ず触れたいところです。頼朝は天皇の権威を利用しつつ，「武
力」を背景に権力を握るという，江戸時代までつながる権力のもち方のモデ
ルとなったのです。

　さて，平安時代に，藤原氏は「摂政になれるのは藤原氏だけ」という慣習
をつくりましたが，頼朝が征夷大将軍になることは，「征夷大将軍になれる
のは源氏だけ」という慣習のもとになりました。ですから，足利氏も源氏で
すし，徳川家康も源氏。特に家康は，征夷大将軍になるために家系図をねつ
造したのでは？ともいわれています。

中世

源氏と平氏の戦いを調べつくせ！

組　名前（　　　　　　　　　　）

☑歴史クイズ！

　源氏と平氏の戦いを「源平合戦」といいます。

①実は，源平合戦がもとで始まり，今につながっているといえるものがあります。それは？（○をしましょう）

　Ａ：運動会　　Ｂ：音楽会　　Ｃ：クリスマス

☑教科書や資料集を見て答えましょう。

①初めは，貴族のボディーガードとして発生し，地方に送られて武力を背景に力をつけた人たちのことを＿＿＿＿＿という。

②武士の中でも特に力をつけた一族が＿＿＿＿氏と＿＿＿＿氏である。

③平清盛は，源氏との争いに勝ち，朝廷で＿＿＿＿という役職についた。

④清盛は，都を今の＿＿＿＿市に移した。

☑教科書を読んで考えましょう。

　平清盛に天国から「友だちになりましょう」と手紙が届きました。さて，誰から？（○をしましょう）

　Ａ：蘇我入鹿　　Ｂ：藤原道長　　Ｃ：中大兄皇子　　Ｄ：卑弥呼

○そう考えた理由を教科書から！

理由

☑「蘇我氏と道長から清盛にアドバイス！「権力を得るためには○○したら（しなかったら）いいよ！」の○○に入る言葉を考えよう！

ヒント！蘇我氏はなぜたおされ，道長はなぜ権力を手に入れられた？

☑️歴史クイズ!

平氏が滅びました。

1つは，教科書に書いてある通りの理由で，「平氏でないと人でない」とまで言われた平氏に不満が高まったからです。

しかし，他にもいくつかの理由があります。それは？

○平氏は＿＿＿＿＿持ちを目指し，源氏は＿＿＿＿＿持ちを目指したから。

さて，何でしょう？

☑️教科書や資料集を見て答えましょう。

①清盛がなくなった後，源氏のリーダーとして登場したのが，＿＿＿＿＿である。

②＿＿＿＿＿の戦いで，源氏は平氏を破った。

③平氏との戦いで活躍したのは，頼朝の弟の＿＿＿＿＿だった。

④源頼朝は，＿＿＿＿＿に幕府を開いて本拠地とした。

※幕府とは，武士たちが置いた陣地のこと。そこから，武士の政府を指す意味になりました。

☑️歴史クイズ!

実は，頼朝の奥さんには皆さんの知らない重大な秘密があります。

何でしょう？（○をしましょう）

A：実は，弓矢の名人だった　　　B：実は，平氏だった

C：実は，先に弟の義経と結婚していた

☆もちろん，頼朝はそのことを知っていました。しかし関係なく，頼朝は妻にし，一族を部下としたり共に戦ったりしたのです。

☑️清盛と頼朝，リーダーとしてふさわしいのは？　　　　　清盛　　頼朝

理由

授業をもっと楽しくする ＋α ネタ

⚠ 京都がぼろぼろになった時代，平安

　平氏が滅びた理由は，おごり高ぶったからとか，義経が戦上手だったとか様々いわれていますが，はっきりいって戦う前から平氏はボロボロでした。当時の人々を味方につけることはほぼ不可能だったと考えるのが自然です。1つは，聖武天皇の時代にもいったような「災害」が原因です。鴨長明は，平氏の治世に起こった災害について方丈記で詳しく述べています。

方丈記に記された主な災害・出来事

	西暦	長明の年齢	起こった災害
①	1177	23歳	安元の大火
②	1180	26歳	治承の辻風（竜巻），福原遷都
③	1181-83	27-29歳	養和の飢饉
④	1185	31歳	元暦の大地震

＊参考文献をもとに筆者作成

　①の「安元の大火」に関しては，「総じて，全都の3分の1を焼き尽くしたと聞いた」と書いており，②の「治承の辻風」については，「建物の大小に関係なく，すべて破壊されてしまった」。そして，③「養和の飢饉」では，「路傍に放置された死体だけでも4万2千3百体もあった」と記し，④の「元暦の大地震」では，「都の付近では，至るところ，寺のお堂や塔も，何1つとして無傷なものはない」と記しています。

⚠ 平氏は「お米持ち」より「お金持ち」？

　他の理由には「お金」が挙げられます。平氏は，清盛の父，忠盛の時代か

ら瀬戸内の海を地盤として勢力を伸ばしてきました。そして，南宋（中国）との貿易によって得た利益を朝廷に献上し，地位をどんどん上げてきました。それは，息子の清盛も同様です。わざわざ都を現在の神戸の福原に移し，自分のお金で港を整備したのも，「これからは海とお金の時代だ！」という見通しからです。まさにそれまでの「お米持ち」が力をもった時代ではなく，「お金持ち」が力をもとうとした時代でした。そして，神戸の福原では南宋の商人と後白河法皇を面会させ，国書を交換させます。当然，公家を中心に反発もありました。それに加えて，様々な災害が起こったことが先に述べた通りです。災害のとき，貨幣は役に立たず，まず食料が必要とされたことはいうまでもありません。結局平氏は破れ，明治時代まで日本は「お金持ち」よりも「お米持ち」の社会が続くのです。

 ## 義経はルール無用！

　最後に，「戦のルール」から平氏が破れた理由を見てみましょう。源氏と平氏の戦の後半は瀬戸内の海で行われました。平氏にとったら「海こそは自分たちの土俵！」と，勝つ気満々だったでしょう。しかも決戦の地，瀬戸内は清盛の父の時代からの自分たちの本拠地でした。しかし，海の上でも平氏は負け続けます。それは，「船頭と漕ぎ手は殺さない」などの海の戦でのルールを源氏が破って戦を続けたからです。いや，海での戦のルールなど，源氏は知ったことではありません。あくまで，海を地盤に成長した平氏にとっての「常識」であり，陸を地盤に成長した源氏にとっては勝つために当然のことをしたといえるのでしょう。

参考文献
○武田友宏編『方丈記　ビギナーズ・クラシックス　日本の古典』角川書店
○北原糸子他編『日本歴史災害事典』吉川弘文館

中
世

08 鎌倉時代
―武士は何のために戦うの？―

　鎌倉時代。元寇はインパクトがありますが，なんだか他はあまり印象に残りません。幕府を起こした源頼朝も地味な印象。将軍も3代までで終わりますが，その後はどうなったか分からない。そんな時代の授業を楽しくするにはどうすればよいのか，紹介しましょう。

ここで使える！ネタ一覧

大ネタ：武士は何のために戦うの？

小ネタ：①鎌倉時代の人たちは，よく家を○○した？

　　　　　②元寇のとき，武士は戦いの準備を，貴族は○○をして備えた？

　　　　　③北条氏は実は○○だった？

武士は何のために戦うの？

　鎌倉時代の武士は何のために戦っていると考えますか。鎌倉時代は，ひと言でいえば御恩と奉公の時代。恩賞を得るために戦っていたというのが一般的な答えです。しかし，教科書に必ずといいほど載っている北条政子の言葉や，元寇での戦いを学ぶと，「領地のため」「国のため」「恩賞のため」「家族のため」など，様々な考えが子供から出されます。この発問で揺さぶりながら鎌倉時代の仕組みや出来事を学ぶことができるのです。

鎌倉時代の人たちは，よく家を放火した

　鎌倉時代の人たちは，よく家に火をつけたそうです。これには大きく分け

て2つの意味があったそうです。それは,

①犯罪者への刑罰の1つとして

　犯罪者への刑罰「住宅検断」として,犯罪者は「自宅への出入り禁止」「自宅の解体」「自宅の放火」があったそうです。

②空き家にしておくと「天魔の住所」となってしまうから,処分方法として

　空き家にする場合は,そこに「天魔(災いをもたらすもの)」が住まないように武具を置いたり,破壊したりしました。その手段の1つとして火をつけて住宅を処分したりしてしまうことがあったそうです。

💡 元寇のとき,武士は戦いの準備を,朝廷はお祈りをしていた?

　朝廷の「お祈り」は,一見ふざけているようですが,至って真面目でした。それどころか,「上皇自ら祈りを捧げる」ということを聞いて,人々はとても元気づけられたそうです。当時は病気などを含めた不幸が起こるときには決まってお祈りが捧げられました。それで実際に解決すると考えられていたのです。今とは考え方が違うのです。

導入にピッタリ!ミニネタ一覧

①北条氏は実は平氏?

　北条氏は実は平氏の一族です。しかし,政子が頼朝と結婚したことにより源氏側について源平合戦を戦います。結果,「執権」として幕府の実権を握ることを考えれば,結局源平合戦に勝ったのは平氏といえるのではないでしょうか。

②元寇の日本側の最終兵器は○○だった?

　「蒙古襲来絵詞」の中に元の兵士が鼻をつまんでいる場面があります。実はこれは御家人たちが「糞尿」を煮たものを投げつけていたからだそうです。これはたまりませんね。

単元プランの実際

第1時 （導入）	○鎌倉武士は何のために戦った？ ○鎌倉時代の人は，よく家を○○した。 ○鎌倉武士は普段は○○をしていた。
第2時	○鎌倉武士は何のために戦った？ ○「むくりこくり」ってどういう意味？ ○元が攻めてくる！朝廷の取った行動は○○すること！

授業展開と発問例

🕐 第1時

　まずは，鎌倉時代のクイズから。

クイズ 第1問：「鎌倉時代の人は，よく家を○○した」これは何？

　A：掃除　　　B：放火　　　C：建て替え

　答えはB（解説は前ページの通り）。今との感覚の違いが面白いですね。

クイズ 第2問：「鎌倉武士は普段は○○していた」

　A：農業　　　B：戦争　　　C：訓練（武芸の練習）

　これはA。統領クラスならば訓練を中心に過ごしていたかもしれませんが，「半農」が基本。鎌倉武士は普段は農民として過ごしていました。当時の絵などを証拠として示せればいいですね。

　その後，「御家人」，「御恩と奉公」，「いざ鎌倉」，「守護・地頭」などの言葉を確認した後，

発問 「御家人は何のために朝廷と戦ったか」

と尋ねます。教科書によっては承久の乱に関する記述がありますから，紹介しましょう。そうすると，「幕府のため」「頼朝のため」といった他者のためという理由とともに，「土地のため」「御恩と奉公の関係のため」など，鎌倉幕府のシステムに関することが出てくるでしょう。

⏱ 第2時

　ここでもクイズから。

　「長崎のある島には怖いものとして『むくりこくり』というものが伝わっています。これは何」

　答えは「モンゴルと高麗（朝鮮）」。すぐに当てるのは難しいでしょう。しばらくしたら、「国の名前です」などのヒントを出すのもいいでしょう。そして、「なぜこれらの国が恐ろしいものの代表として伝わっているのでしょう」と聞き、元寇につなげましょう。前項で紹介した、「朝廷の祈り」についてクイズにするのもいいですね。その後、「元寇」、「てつはう」、「北条時宗」などの言葉を確認した後、当時のモンゴルが世界史上最大の国であったことを勢力範囲の地図とともに紹介します。そして、一度目は何とか追い返したものの二度目は「南宋（中国）」を滅ぼし、仲間にして攻めてきます。それでも何とか勝利することができました。そこで、

[発問]「日本が元に勝てたのはなぜか」

と聞き、教科書や資料集から理由を探させましょう。

　「暴風雨」「防塁」「必死だった」などの理由が出た後、「負けることは必然？」という疑念が子供たちにもたせられればいいでしょう。さらに、「『蒙古襲来絵詞』には、鼻をつまんだ元軍が描かれている場面があります。これはなぜ？」とクイズを出しましょう。これは、御家人の「最終兵器」のせいです。実は、糞尿を煮たものを元の船に投げ入れたからです。

　そして最後に、

[発問]「御家人は何のために元と戦ったか」

と問います。このとき、「戦の費用は基本的に自費だったこと」を伝えます。第1時で出た理由が同じように出てきたり、「負けたら国がどうなるか分からなかったから」など、未曽有の国難だったことを確認できたりすればよいでしょう。元寇後の恩賞問題は幕府を悩ませることになります。しかし、これは一般的にいわれるように、幕府が滅びる直接の原因とはいえないようです。

中
世

鎌倉時代をマスターせよ！

組　名前（　　　　　　　　　　）

✅歴史クイズ！（○をしましょう）

第１問「鎌倉時代の人は，よく家を○○した」これは何？
　　A：掃除　　　B：放火　　　C：建て替え

第２問「鎌倉武士は普段は○○していた」
　　A：農業　　　B：戦争　　　C：訓練（武芸の練習）

✅教科書や資料集を見て答えましょう。

①天皇の政府を朝廷といい，武士の政府を＿＿＿＿＿という。

②幕府を開いた源頼朝に従った武士たちのことを＿＿＿＿＿という。

③頼朝は1192年　征夷大将軍　　太政大臣　に任命され，武士の統領になった。

④幕府が御家人たちに領地や恩賞（ごほうび）などを与えることを
　＿＿＿＿＿という。

⑤御家人たちが家来を率いて「いざ鎌倉」とかけつけ，幕府のために戦うことを＿＿＿＿＿という。

⑥源氏の将軍が３代でとだえると，頼朝の妻の家系の＿＿＿＿＿氏が権力をにぎって，　摂政　　執権　として政治を進めた。

✅幕府は権力をにぎられるのが嫌だった朝廷（天皇たち）と戦いました。
多くの御家人たちが幕府のために戦ったのはなぜ？

```


```

✅歴史クイズ！

第1問

　長崎のある島には怖いものとして「むくりこくり」というものが伝わっています。これは何？

第2問

　世界最強の国「元」が攻めてくる！幕府は戦争準備。朝廷は何をした？

　　Ａ：戦いの訓練　　　Ｂ：逃げた　　　Ｃ：お祈り

✅教科書や資料集を見て答えましょう。

①1274年と1281年の2回，元（モンゴル）が攻めてきた。これを＿＿＿＿＿＿＿
　という。

②このときの執権は，18歳の＿北条政子＿＿北条時宗＿だった。

③御家人たちは元軍の集団戦法や，火薬を使った武器，＿＿＿＿＿＿＿に苦しめ
　られたが，元軍に勝利し，追い返すことに成功した。

④御家人たちは，元寇に備えて九州に＿城＿＿＿防るい＿を築いた。

✅世界最強の元軍に勝てたのはなぜ？

✅なぜ御家人たちは命がけで元軍と戦ったのでしょう？

⚠ 鎌倉武士は「半農半士」

　武士といえば，「普段から訓練をして戦いに備えていた」とどうしても考えられがちですが，本当の一部を除いて普段は農業をするなど別の仕事をしていました。武士を職業として給料をもらっていたのではないのです。

⚠ 鎌倉幕府の「徳政令」，江戸時代は3回あった？

　鎌倉時代にあった「徳政令」は，鎌倉幕府を滅亡へと導く原因ともなったといわれますし，そう学校で習った人も多いでしょう。しかし，この徳政令に似た法令は，実は江戸時代には少なくとも三度は出されています。1746年，1797年，1843年です。「棄捐令（きえんれい）」といいます。

　棄捐令は，およそ50年に一度出されるものであり，借金が帳消しになるなど，一見借金した人だけが得をする法令のように感じます。実際，借金をしていた武士たちの生活は結局苦しくなり，幕府が滅びる原因になったのが鎌倉時代。しかし，江戸時代はそうではありません。

　「50年に一度は棄捐令が出されるものだ」ということは，商人たちも分かっていたことのようです。50年前の借金といえば，ちょうど自分の祖父世代がした借金に当たります。そのつもりでお金を貸していたようですし，商人たちにとっても「武士が経済的に潤うとまた買い物をしてくれる」という利点があったようです。

💬 源氏将軍は 3 代，その後は？

　筆者が小学校のとき，鎌倉時代になって全く分からなくなったことが，「あれだけ歴史の中心にいた天皇はどこへ行ったか？」「あれだけ権力をもった藤原氏はどこへ行ったか？」ということでした。そして，突然明治時代に再び天皇は表舞台に登場します。「この間どこへ行っていたの？」と思うのは，きっと今の子供たちも同じではないでしょうか。

　もちろん鎌倉時代だろうが室町時代だろうが朝廷はありますし，天皇，藤原氏はその中心にいます。特に鎌倉時代には，3 代で源氏の将軍が滅びた後は藤原氏が 2 代，天皇の息子，孫などが 4 代続くのです。国を治めるためには，やはりまだ，藤原氏や天皇家の力が必要だったのですね。

💬 北条氏は何でも好きに命令できたわけではない？

　頼朝の学習が終わると，あとの鎌倉時代はほぼすべて北条氏が主人公となって進んでいくイメージです。では，朝廷には何の力もなかったのでしょうか。いいえ，そんなことはありません。元寇のときの元の使者への対応も幕府は朝廷に許可を求めて態度を決めています。そもそも，「征夷大将軍」という位自体が朝廷に任命されてしかなることができません。あくまで，「一番偉い」のは，日本の歴史上ずっと天皇であったという事実は忘れてはいけません。

参考文献・資料
○有田和正『授業づくりの教科書　社会科授業の教科書 5・6 年』さくら社
○筧　雅博『日本の歴史10　蒙古襲来と徳政令』講談社
○石上英一『日本の時代史（9）』吉川弘文館
○龍粛『文春学藝ライブラリー　鎌倉時代』文藝春秋
○山室恭子『江戸の小判ゲーム』講談社現代新書
○NHK「歴史秘話ヒストリア　第322回」2018.9.19放送

09 平安文化 VS 室町文化
―現在への影響が大きいのは？―

　室町時代の文化の学習は平安時代と同様，どんどんとクイズで迫っていくと楽しんで学習できます。しかし，時代をつかむためにはそれだけでは不十分。まずは比較させる室町の2つの文化，北山文化と東山文化を，それぞれの主人公，足利義満と義政を通して学習します。そして室町に留まることなく，平安文化ともつなげて学習して文化を捉える授業を紹介します。

ここで使える！ネタ一覧
大ネタ：平安文化 VS 室町文化，現在への影響がより大きいのは？
中ネタ：義満と義政，現在への影響がより大きいのは？
小ネタ：①金閣で，金箔が貼られていないのは何層目か？
　　　　　②物語から見る室町文化とは？

💡 平安文化 VS 室町文化，現在への影響がより大きいのは？

　小学校で学習する文化は主に3つ。平安，室町，江戸です。文化にも時代どうしのつながりが意識されると，楽しく文化を捉えることができます。

　そこで，ただ「室町時代の文化をまとめよう！」ではなく，既習の平安文化と比較させます。そうすることで，それぞれの文化の特徴をよりつかむことができるのではないでしょうか。平安文化の特徴は，「貴族の華やかな文化」でした。一方で室町時代は，武士と庶民が主人公の文化といえるのです（詳しくは p.79）。

義満と義政，現在への影響がより大きいのは？

南北朝を統一したときの将軍義満。応仁の乱のきっかけになった義政。そんな2人の時代は北山文化，東山文化と，文化面でも比較されることが多いです。ここで普通は，「北山文化と東山文化を比較しよう」と尋ねるところですが，それでは子供たちは授業にのりません。そこで，「義満と義政，現在により影響を与えたのは？」と尋ねるのです。そうすると，2つの文化が自然と比較されます。

金閣で，金箔が貼られていないのは何層目か？

皆さんは金閣の絵に塗り絵をするとしたら1層〜3層，それぞれ何色を塗りますか？実は，1層だけ金ではなく，木の色，茶色で塗るのが正解です。これは，教科書などでよく扱われるそれぞれの層のつくりに関係があるようです。これは，義満の「貴族＜武士＜自分」のという力関係を示す意図があったであろうことがよくいわれます。同様に，1層にのみ金箔を貼らなかったのは，「もう貴族の時代は終わりだ」と示したかったともいわれます。実際に鹿苑寺に問い合わせたところ，「諸説あり実際はよく分かっていない」とのこと。それでも，子供たちに「もしかしたら」を考えさせるネタとしては十分使えます。

物語から見る室町文化とは

室町時代の文化といえば，武士が主人公の豪華な北山文化，そして，質素な東山文化です。一方で，庶民がもととなった文化も現れます。また，実は室町時代には歴史に残らない庶民が主人公の物語を集めた本「お伽草子」がまとめられます。まさに，文化の主役として庶民が登場した証拠を示すものでしょう。

単元プランの実際

第1時	○義満と義政，現在への影響がより大きいのは？ ○室町時代にできた遊びとは？ ○金閣，銀閣を色塗りしてみよう！
第2時	○平安文化と室町文化，現在への影響がより大きいのは？ ○室町時代にできたり，まとめられたりした物語とは？ ○室町時代に生まれた「室町語」とは？

授業展開と発問例

⏱第1時

　文化の学習ですから，クイズを中心に組み立てます。

クイズ 第1問：「室町時代の子供たちの遊びを選びましょう」

　A：こま　　　B：囲碁　　　C：竹馬　　　D：相撲

　答えはすべて。相撲は室町以前から神事として存在しました。もっとも，現在のような相撲観戦が始まったのは室町時代。将軍が観戦した記録も残っています。そこで，

発問 「なぜ相撲が将軍を始めとする武士の間で人気になったのか」

　これは，「武士の世の中だったから」といえます。つまり，相撲は神事であると同時に「戦い」ということです。そして，「では，武士がつくった文化とは？」といって教科書，資料集を使って語句の確認をします。

　語句の確認の後，2つの文化の主役，「義満と義政」の顔を見せながら，「武士の統領＝将軍」ということも再確認しておきましょう。その後，

発問 「2人が造った『金閣』と『銀閣』。色塗り用のワークシートに，色を塗ってみましょう！」と問います。銀閣が銀でないことを知っている子は多いでしょうが，実は金閣の1層部分が金ではないことは見逃しがち。引っかかる子も多いと思います。答えを見せた後，「なぜここだけ金ではないか？」と問い，1層から3層，それぞれの造りの説明をします。そして，「義満はどうして貴族の『寝殿造り』の部分だけに金を貼らなかったか？」とつなげ，「貴族の時代は終わったといいたかった」と出させましょう。

そして，最後に，

発問 「義満と義政，現在への影響がより大きいのは」
と問います。東山文化と現在のつながりにも触れられるようにしましょう。

⏱第2時

ここでもクイズ中心の組み立てにします。

クイズ 第1問：「次で，室町時代にできたりまとめられたりしたのは」
A：一寸法師　　　B：桃太郎　　　C：かちかち山　　　D：かぐや姫

　答えはD以外。平安時代はかぐや姫や源氏物語のように，貴族社会が舞台の場合が多いように感じられます。しかし，室町になると庶民が主人公の物語が多くなります。ここから，「庶民が活躍するようになった時代の影響」を少しずつ捉えさせていきたいところです。

クイズ 第2問：「次の中で，室町時代に生まれた『室町語』なのは」
A：番組　　　B：芝居　　　C：脇役　　　D：ノリがいい　　　E：オチ

　答えはE以外。E以外はすべて「能」の言葉がもとになっています。「番組」は，能の演目の種類。「脇役」は，能で主役を助ける役割の人。「ノリ」は，能の囃子のリズムを指す言葉です。ちなみに，当時の能も含め，猿楽や田楽は人の集まりやすい神社などの境内で行われました。もちろん客席などはありませんから，見物者は芝生の上に座って見たそうです。「芝生に居る」から，「芝居」となったということです。ここでも，文化の発祥や対象が庶民であることにそれとなく触れていきます。そして，教科書や資料集で語句を確認します。そして，前時の学習内容や本時のクイズの内容から，

発問 「『平安と違い，室町文化は○○や○○が中心の文化』とまとめよう」
と問い，「武士」や「庶民」とまとめるとよいでしょう。そして最後に，

発問 「平安 VS 室町，現在への影響がより大きいのは」
と発問します。どちらの立場を選ぶということではなく，それぞれの文化の代表的なものの整理に加え，「平安が貴族の文化だったのに対し，室町は武士や庶民がもとになった文化であったこと」が押さえられることが重要です。

室町文化と平安文化を比べよ！

組　　名前（　　　　　　　　　　）

◉ 歴史クイズ！

第１問：室町時代の子供たちの遊びを選びましょう。

　A：こま　　　B：囲碁　　　C：竹馬　　　D：相撲　　　答え＿＿＿＿＿＿

◉ なぜ相撲が将軍をはじめとする武士の間で人気になったのか？

ヒント：相撲ってどんな競技かな？

｜　　　　　　　　　　　　　　　　　　　　　　　　　　　から。｜

◉ 教科書や資料集を見て答えましょう。

① ３代将軍＿＿＿＿＿＿は，400年ぶりに中国（この時は明）との国交を結んだ。

② 義満は，京都の　北山　東山　に　金閣　銀閣　を建てた。

③ 義満の孫の義政は，京都の　北山　東山　に　金閣　銀閣　を建てた。

④ 室町時代にたん生した，たたみやふすまを用いた部屋の様式を

　　寝殿造り　書院造り　という。

⑤ 雪舟は，墨だけを使ってかく　油絵　水墨画　を日本風にし，完成させ

　た。

◉ ２人が造った，「金閣」と「銀閣」。色を塗ってみましょう！

◉ 義満と義政，現在への影響がより大きいのは？　　　義満　義政

｜理由｜

☑歴史クイズ！（○をしましょう）

第1問：次の中で，室町時代にできたり，まとめられたりした物語は？

　　A：一寸法師　　　B：桃太郎　　　C：かちかち山　　　D：かぐや姫

第2問：次の中で，室町時代に生まれた「室町語」なのは？

　　A：番組　　　B：芝居　　　C：脇役　　　D：ノリがいい　　　E：オチ

☑教科書や資料集を見て答えましょう。

①農村では，農民は農具を＿改良し＿＿買い替え＿たり，作物の＿＿＿＿＿＿

　したりして生産力を高めた。

②村では，村の長老を中心にしてまとまり，地域の＿選挙＿＿祭り＿や

　＿盆おどり＿＿初もうで＿が行われるようになった。

③能や狂言は，農民たちが田植えのときにおどった＿＿＿＿＿や，祭りのと

　きに演じられた＿＿＿＿＿が発展して芸術になったものである。

④義満が保護した＿＿＿＿＿は，観阿弥・世阿弥が完成させた。

⑤＿能＿＿狂言＿は，日常の言葉を使ったこっけいなせりふで人々を楽しま

　せるものである。

⑥室町時代には，＿茶の湯＿＿かな文字＿や，＿生け花＿＿遣唐使＿などが

　盛んになった。

⑦石や砂を用いて水の流れや，山の風景を再現する＿＿＿＿＿という様式の

　庭がつくられるようになった。

☑平安文化と違って，室町文化は○○や○○が中心の文化だ。

○○に入るのは何？

「　　　　　　　　　　　や　　　　　　　　　　　」

☑「平安 VS 室町，現在への影響がより大きいのは？」　　　平安　　　室町

理由

金閣寺をぬってみよう！

銀閣寺をぬってみよう！

授業をもっと楽しくする +α ネタ

⚠ くじ引きで選ばれた将軍がいた!?

　6代将軍の義教という人物。実は，またの名を「くじ引き将軍」といいます。実は，彼はくじ引きで選ばれた将軍だったのです。現在の感覚でいうと，そんなやり方で将軍を選んでいいの？と思われますが，これには理由があります。実は，源氏の氏神の神社，岩清水八幡宮で行われた由緒あるくじ引きだったのです。くじ引きで選ばれた義教は「神様に選ばれた」と見なされました。現在との感覚の違いです。実際，義教自身もそれを分かっていたのでしょう。その権力のふるい方はすさまじく，将軍就任式で笑ったものを殺したり，比叡山を攻撃したりし，「万人恐怖」ともいわれました。一方で裁判制度を整えたり，将軍の常備軍をつくったりして弱っていた幕府の力を取り戻し，室町幕府の勢力は義教のときに最大となるのです。

⚠ 室町時代の言葉を体験しよう！

　現在と過去の言葉の違いは，古典の学習をすれば一目瞭然。しかし，発音が異なっていたことはあまり注目されません。

　実は，室町時代まで，「ハ行」は「fa」と発音していたのです。ですから，「母」は，「ふぁふぁ」と言います。ちなみに，さかのぼって奈良時代や平安時代初期は，ハ行を「パピプペポ」で発音していたそうです。そうすると，「母」の発音が「パパ」というややこしいことになります。

❗ 義満は天皇を超えようとしていた？

　義満は，遣唐使の廃止以来約500年ぶりに中国との国交を再開します。当時の中国は，「明」という国ができたばかりでした。初め，義満が送った「遣明使」の一行は国交を結ぶことができないばかりか追い返されてしまいます。理由は，「あなたは将軍っていうけど，将軍って天皇の部下でしょ？お前ごときが何をこの明の皇帝に話しかけてるねん！」という感じ。1回目失敗というのは聖徳太子と似ていますね。それでもあきらめきれない義満は，自らを「日本国王」と名乗って明と国交を結ぶことに成功します。そして，得た莫大な利益で北山文化が花開いたのでした。また，義満は自分の息子を天皇の息子と同じ位の「親王」にします。そして，自分の妻を天皇の母に準ずる「准母」とすることで，自らは天皇の母の夫という立場になりました。このことから「義満は自分が天皇になろうとした！」ともいわれますが，これには否定的な意見が多いそうです。実際に義満がねらったのは「天皇家より下，摂関家より上」という立場に足利を置き，家を繁栄・存続させることだったのでは？といいます。つまり，超えようとしたのは天皇家ではなく，藤原家だったことになります。結局，どちらにせよ義満のねらいは失敗しました。しかし，この方法は秀吉に応用されます。秀吉は自分の「豊臣家」を藤原家に組み込み，摂関家に並んで豊臣家を後世に残そうとしたのです。

参考文献・資料
○『NHK さかのぼり日本史（外交編7室町）』NHK出版
○ NHK「先人たちの底力　知恵泉「ヒールの言い分！神に選ばれた恐怖の将軍　足利義教」2019.1.22放送
○「http://www.the-noh.com/jp/index.html」THE 能 .com ホームページ（最終閲覧2019.2.25）
※授業を作成するに当たり，鹿苑寺の方々への取材ももとにしています。

中世

10 家康と信長と秀吉と
―源氏と平氏と藤原氏と―

　戦国時代は，思い入れの強い先生も多い時代ですが，子供たちとの温度差がありがちです。しかし，ここでも歴史をつなげて考えれば楽しく学ぶことができます。

ここで使える！ネタ一覧

大ネタ：藤原氏・平氏・源氏チェック。当てはまるのはどれ？

小ネタ：①戦国時代，ふんどしで戦う戦士たち？

　　　　　②初め，鉄砲は一丁〇〇円だった？

　　　　　③戦国時代の合戦は，運動会と同じ？

💡 一族に一番ふさわしいのは誰だ！

　さて，皆さんは「源頼朝（みなもと<u>の</u>よりとも）」というように「みなもと」と「よりとも」の間に「の」が入るのはなぜなのか意識したことがありますか。そして，小学校の歴史学習で，この「の」が消えるのは誰からでしょう。これは天皇を除けば鎌倉時代の「北条政子」からです。すでに説明した通り，北条の家は平氏でした。この「源氏」や「平氏」，「藤原氏」は，実は「徳川」「織田」と違って親戚集団を表す名称，「氏」です。ですから，徳川家康や織田信長にも実は「氏」があります。それは，家康は「源氏」，信長は「平氏」，そして秀吉は「藤原氏」なのです（本当に血がつながっているかは定かではないのですが，本人たちはそう名乗りました）。こう考えると，面白い歴史のつながりが見えてきます。

　ここで，これまでの歴史学習から「藤原氏，平氏，源氏」それぞれがどん

な人たちだったかをチェックするためのチェック項目を紹介します。(pp.92
-93)

💡 藤原氏，平氏，源氏チェックとは？

　「あなたは何氏かチェック」は，あまり深く考えずに取り組んでほしいの
ですが，簡単に解説をします。藤原氏のチェック項目は，道長をモデルに貴
族のくらしのイメージとして「派手好き」「蹴鞠（サッカー）」などを入れて
います。平氏は清盛をモデルに，「一族を大切にする」「海」「お金」などを
項目として入れています。源氏は，頼朝をモデルに「山（陸）」「我慢強さ」
「お米」を項目として入れています。それぞれ，秀吉，信長，家康にも当て
はまりそうですね。

💡 信長軍が強かったのは戦争のプロをつくったから？

　信長の軍隊が強かった理由は，「戦争のプロだったから」だといわれてい
ます。鎌倉時代のところで紹介した通り，多くの武士は普段「百姓」として
働いていました。半分百姓だったのです。ですから，当然田植えの季節だっ
たり収穫の秋になったりするとそちらの仕事が忙しくなります。だから，軍
隊が十分に組めなくなるのです。しかし，信長は違います。「兵士」として
給料を払い戦争のプロ集団を組織したのです。そうしたら，普段から訓練も
できるし，季節も関係ありません。もちろん，こんなことがなせたのも信長
が工夫した政策によってたくさんのお金を持っていたからです。

単元プランの実際

第1時	○信長は何氏？ ○戦国時代，ふんどし姿で戦う人の理由は？ ○初め，鉄砲は○円だった？
第2時	○秀吉，家康は何氏？ ○戦国時代の戦は○○だと中止になった。
第3時	○3武将で一番ご先祖様に近いのは誰？

授業展開と発問例

⏰第1時

　ここまではクイズからスタートでしたが，戦国時代は例外。まずは，「あなたは何氏？チェック！」をしましょう。（資料編参照）

[発問]「これまで学習した，『藤原氏』『平氏』『源氏』。あなたは誰に近い？」

　先に挙げたチェック項目で自分が誰に近いかを試します。スライドで1枚ずつ見せたほうが盛り上がります。その後，戦国時代のクイズ。

[クイズ] 第1問：「戦国の人にはふんどし姿で戦う人がいた。これはなぜ？」

A：直前に賭け事をして鎧や兜まで賭けてしまったから

B：貧しくても戦わなくてはいけない厳しい世の中だったから

C：実はそれが一番強かったから

　答えはA。賭け事をする人の中には，一文無しになる人もいたとか。

[クイズ] 第2問：「初め，鉄砲は○○円だった」

A：1000万円　　　B：2億円　　　C：5000万円

　これはB。しかしその後，日本の技術者たちはあっという間に自分たちで鉄砲をつくれるようになってしまいます。

　そして，教科書に載っている「長篠の合戦図屏風」を見て，信長は「鉄砲を大量に使って戦をしていた」ということを押さえます。その後，信長に関する語句を教科書，資料集などで確認をします。その中で，信長が鉄砲を大量に手に入れることができた理由につなげて，「産地を押さえる」「経済活動を活発にする」などに触れられるとよいですね。

[発問]「実は信長は『自分はある有名な人物の子孫だ！』といいます。さて，誰でしょう？答えは『藤原氏』『平氏』『源氏』の中にいます。信長の行動から，チェックをしてみましょう」

と，先ほどのチェック項目（pp.92-93）にチェックさせます。答えは「平氏」。子供たちだけでも①や⑥に○をつけることはできるでしょう。しかし，信長が裏切りに甘かったことや巨大な鉄で覆われた船を造ることなどで納得ができます。

⏰第2時

[クイズ] 第1問：「戦国時代の戦は○○で中止になりました。さて何？」

ヒントとして，「運動会と同じだよ」などというとよいでしょう。答えは「雨」。

[クイズ] 第2問：「ザビエルで有名なイエズス会の宣教師。スペイン国王にあるものを送るようにお願いしたそうです。何？」

A：軍隊（日本を征服しよう！）　　B：食料（故郷の味が懐かしい……）
C：宣教師（もっと仲間がいればキリスト教を広められる！）

答えはA（詳しくはp.94）。この後，信長とともに，戦国時代で学習する他の2人の業績など，教科書や資料集で確認をします。そして，

[発問]「秀吉や家康は，信長のように『自分はある有名な人物の子孫だ！』といいます。秀吉は誰の子孫で，家康は誰の子孫といったでしょう？」

と，前時の信長と同じようにチェックし，理由を言わせていきます。そして，業績も確認します。答えは，秀吉が藤原氏で，家康が源氏。家康は幕府を開いたことに，秀吉は関白になったことに触れれば納得できるでしょう。

⏰第3時

ここでは，これまでに学習したことから，

[発問]「3武将で一番ご先祖様に近いのは誰？」

と問い，立場を選ばせます。ここでも，立場が重要なのではなく，話し合いをしながらそれぞれの業績の整理をしていくことが大切なのです。

あなたは何氏？戦国時代を調べつくせ！

組　　名前（　　　　　　　　　　　）

✅やってみよう！あなたは何氏？（チェックシートで確かめよう！）

私は，_____氏だった！

✅歴史クイズ（〇をしましょう）

第1問：「戦国の人にはふんどし姿で戦う人がいた。これはなぜ？」

　　A：直前に賭け事をしてよろいやかぶとまで賭けてしまったから

　　B：貧しくても戦わなくてはいけない厳しい世の中だったから

　　C：実はそれが一番強かったから

第2問：「初め，鉄砲は〇〇円だった」

　　A：1000万円　　B：2億円　　C：5000万円

✅教科書や資料集を見て答えましょう。

①今川義元を　壇ノ浦　　桶狭間　の戦いで破った。

②足利氏を京都から追放して　室町　　鎌倉　幕府をほろぼした。

③比叡山や一向宗などを攻撃した。これは，寺が昔から政治に口出ししたり，

　　兵士となり，戦う集団だったりしたから。

④鉄砲製造や，商工業で栄えた　梅田　　堺　を直接支配して利益を得た。

⑤滋賀県の　大津　　安土　に城を築いた。城下町では，商人が　自由に

　　制限の中で　商売ができた。また，各地の_____をなくし，人やも

　　のの行き来をしやすいようにして商工業をさかんにしようとした。

⑥ヨーロッパから伝わった_____教を保護した。

⑦最期は家臣の_____に　本能寺　　東大寺　で討たれた。

✅信長は，「自分は〇〇氏の子孫！」と主張します。だれ？チェックシート

　　で考えてみよう！

答え　　　　　　　　　　　　　　氏

✅歴史クイズ！

第1問：戦国時代の戦，実は○○で中止になっていました。さて何？

_____

第2問：ザビエルで有名なイエズス会。スペイン国王にあるものを送るようにお願いしたそうです。何？（○をしましょう）

　　A：軍隊（日本を征服しよう！）　　B：食料（故郷の味が懐かしい……）
　　C：宣教師（もっと仲間がいればキリスト教を広められる！）

✅教科書や資料集を見て答えましょう。

①　秀吉　　家康　は，信長を倒した明智光秀を倒した。

②秀吉は，信長が手こずっていた　一向宗　　キリスト教徒　を破った。
　　この，一向宗の本拠地があった場所に　安土城　　大坂城　を建てた。

③秀吉は全国に家来を派遣して，田畑の面積を測り，土地の良しあし，
　　収穫量，耕作している人の名前を記録した。これを_____という。
　　検地によって，耕す権利を認められ，年貢を納める義務をおった。

④秀吉は村に住む人を　農民　　百姓　身分とした。武士と百姓の身分を分
　　けるために刀や鉄砲を取り上げた。これを_____という。

⑤秀吉は武士や町人（職人や商人）は　城下　　港　町に住まわせた。

⑥秀吉は天下統一をした後，　アメリカ　　朝鮮　に軍を送った。

⑦家康は秀吉の死後，1600年に_____の戦いで豊臣方を破って全国の大
　　名を従えた（豊臣は大坂の一大名になった）。

⑧1603年，家康は　太政大臣　　征夷大将軍　となって江戸幕府を開いた。

⑨1615年，家康は大坂城をせめて　豊臣氏　　織田氏　を滅ぼした。

⑩家康は，秀吉以来途絶えていた　朝鮮　　明（中国）　との交流を再開し
　　た。一方で，キリスト教は禁止したままだった。

☆秀吉や家康は，それぞれ「自分は○○氏の子孫だ！」といいます。
チェックシートで考えよう！（2人は別です）

秀吉 [　　　　　　　　]　　　　　家康 [　　　　　　　　]
　　　　　　　　　　　　氏　　　　　　　　　　　　　　　　氏

あなたは何氏？

藤原氏度チェック	あなた	平氏度チェック
①この世を我がものと思うことがある。		①お米よりお金だ。
②派手なことをするのが好きだ。		②どちらかというと，山よりも海派だ。
③将来，娘を天皇のきさきにしようと思っている。		③将来，娘を天皇のきさきにしようと考えている。
④自分は，偉い人に気に入られるのがうまいと思う。		④自分は，偉い人に気に入られるのがうまいと思う。
⑤戦は嫌いだ。		⑤家族・親戚は，どんなに嫌な人でも大事にしなくてはならない。
⑥野球よりサッカー派だ。		⑥人と違ったことをするのが好きだ。

藤原氏度チェック	信長	秀吉	家康	平氏度チェック
①この世を我がものと思うことがある。				①お米よりお金だ。
②派手なことをするのが好きだ。				②どちらかというと，山よりも海派だ。
③将来，娘を天皇のきさきにしようと思っている。				③将来，娘を天皇のきさきにしようと考えている。
④自分は，偉い人に気に入られるのがうまいと思う。				④自分は，偉い人に気に入られるのがうまいと思う。
⑤戦は嫌いだ。				⑤家族・親戚は，どんなに嫌な人でも大事にしなくてはならない。
⑥野球よりサッカー派だ。				⑥人と違ったことをするのが好きだ。

チェックシート

組　　名前（　　　　　　　　　　　　　　　）

あなた	源氏度チェック	あなた
	①お金よりお米だ。	
	②将軍になりたいと思うことがある。	
	③どちらかというと，山よりも海派だ。	
	④我慢強く待てるほうだ。	
	⑤人と変わったことをするのは苦手だ。	
	⑥力で従わせるのが好きだ。	

信長	秀吉	家康	源氏度チェック	信長	秀吉	家康
			①お金よりお米だ。			
			②将軍になりたいと思うことがある。			
			③どちらかというと，山よりも海派だ。			
			④我慢強く待てるほうだ。			
			⑤人と変わったことをするのは苦手だ。			
			⑥力で従わせるのが好きだ。			

授業をもっと楽しくする ＋α ネタ

！ その力は十人力!? 黒人武将弥助

　信長が,「有能ならば誰でも使う」という人物なのは知っての通りです。その恩恵に一番預かったのは秀吉でした。しかし,信長の家臣に黒人武将の弥助がいたことはあまり知られていません。弥助は,モザンビーク出身の奴隷です。宣教師ヴァリニャーノが連れていたのを信長が家来として召し抱え,弥助という名前を与え,武士身分に取り立てました。当時黒人は珍しく,多くの見物人が来たといいます。信長は,弥助をいずれはお殿様にするつもりだったといわれています。信長の最期,本能寺でも弥助は信長の近くに仕えていました。それほど弥助を信頼していたのです。

！ 秀吉がキリスト教を禁止したわけ

　戦国時代,多くの日本人が奴隷として売買されました。それは,キリスト教宣教師の手によりました。ポルトガル出身の宣教師ルイスフロイスは,
　「三会や島原の地では,時に四十名もの売り手が集まり,彼らは豊後の婦人や男女の子供たちを,貧困から免れようと,二束三文で売却した。売られた人々の数は夥しかった―」という記録を残しています。
　1587年,島津氏を破って九州を支配下に置いた帰り,秀吉は博多でイエズス会宣教師のコエリュに,「なぜ奴隷売買をするのか」を訪ねます。そうすると,コエリュは,「我々は売ろうとする日本人がいるから買うのだ」と言ったそうです。秀吉はよほど怒ったのか,すぐさま「伴天連追放令」を出し,その中で「人身売買」を禁止しました。当時はヨーロッパ諸国がアメリカ大陸に進出するなど,世界各地に植民地を広げていっていた時代。危機感を感

じた秀吉の対応は家康の江戸幕府にも引き継がれます。実際、イエズス会はスペイン本国に「日本侵攻作戦」のための派兵を打診しています。

刀狩は何のため？

　秀吉の代表的な政策に「検地」と「刀狩」があります。検地は、「土地のチェック」、「升の統一」、「誰の耕作地か」を確定させるという目的で行われたと分かりやすいのですが、刀狩は誤解されている場合が多いのです。よくいわれる「刀狩」の目的は、「百姓たちに反乱させないため」です。しかし、それなら不自然なことがあります。それは、「鉄砲は登録制で簡単に誰でも持てた」ということです。反乱を防ぐためならむしろ「鉄砲」を持たすべきではありません。刀を取り上げた理由は別にあります。それは、「兵農分離」です。「武士は武士、百姓は百姓」と、立場を分けるためだったのです。

参考文献
○太田牛一著、中川太古訳『信長公記』（新人物文庫）中経出版
○原田伊織『三流の維新　一流の江戸』ダイヤモンド社
○茂木　誠『世界史とつなげて学べ　超日本史　日本人を覚醒させる教科書が教えない歴史』
　KADOKAWA

中世

11 江戸時代，260年の平和の理由に迫る！ ―内政と外交，どちらが平和に効果的だったか？―

　江戸時代は，なぜ世界から見ても奇跡といわれるくらい平和であり得たのか。ここでは「鎖国政策」に代表される外交，そして参勤交代などの内政という点から時代を見てみましょう。

ここで使える！ネタ一覧

大ネタ：江戸時代の平和はなぜこんなにも長く続いたか？

小ネタ：①家康はなぜキリスト教を禁止にしたか？

　　　　　②参勤交代で一番得をしたのは？

　　　　　③家光はなぜ仲間のはずの親藩に参勤交代させたか？

　　　　　④江戸時代，庶民に課せられた最も軽い刑罰とは？

💡 江戸時代の平和はなぜこんなにも長く続いたか？

　インターネット上にある「世界の戦争1000年の歴史」という動画を見たことがあるでしょうか。西暦千年から現在までの世界各地で起こった戦争の場所と規模が地図上で表されていく5分ほどの動画です（もちろん，信ぴょう性には気をつけなくてはなりませんが）。世界が，いかに戦争だらけなのかが分かります。そんな中，大坂の陣から250年ほど，日本に戦争が起こった印が全く出ないことに気づきます。その間も，特にヨーロッパではずっと戦争が起こっているにもかかわらずです。では，なぜこんな「異常な」ことが起こり得たのでしょう。その秘密に「内政」「外交」という2つの大きな視点から切り込むことで，江戸時代を捉えることができます。

家康はなぜキリスト教を禁止にしたか？

　秀吉がキリスト教を禁止にした理由はすでに述べました。では，家康はなぜキリスト教を禁止にしたのでしょう。確かに，秀吉の時代のキリシタン大名や宣教師が領地の寺社仏閣を破却し，仏教徒が迫害されていたということも家康の頭にはあったと考えられます。しかし実際は，「キリスト教を信仰する武士は，主君の上に神を置くから」という理由が一番大きかったようです。俗によくいわれる，「キリスト教は平等を説く宗教だから身分制に合わないと考えた」というのは間違いであるといえます。そして，キリスト教への警戒感が家光の時代の島原の乱で決定的になり，鎖国への道を進めたことは言うまでもありません。

参勤交代で一番得をしたのは？

　参勤交代といえば，「大名にお金を使わせて逆らえないようにするための，幕府が得するきまり」と思われがちですが，本当にそうなのでしょうか。例えば，家光の時代までは外様大名にしか参勤交代の義務はなかったそうです。これは，敵になりそうな相手のお金を使わせるという理屈が通りますね。では，家光はなぜ譜代大名に参勤交代をさせたのでしょう。それは，それまでずっと江戸に住んでいた大名たちに，「自分の国に帰って領民を見てあげなさい」という意味があったそうです。実は家光の時代，全国で飢饉が起こったのです。家光が武家諸法度で定めた参勤交代は，大名たちに「江戸はいいから自分の国に帰って飢饉対策をしなさい」という意味もあったのです。

　さらに実際の参勤交代について想像してみます。1つの宿場町で，1泊5000円だとしたら，教科書によく載っている加賀藩2000人で1億円が宿場町全体に支払われることになります。さらに，旅に必要な物資を扱う商人も儲かりますし，旅のためのインフラも整備されることになります。参勤交代は，何も幕府だけが得をしたわけではないのです。

単元プランの実際

第1時	○参勤交代はよい政策か？
第2時	○鎖国はよい政策か？ ○「長崎が初めて」のこととは？
第3時	○平和が続いたのは外交，内政どちらのおかげ？ ○鎖国で得をしたのは？参勤交代で得をしたのは？

授業展開と発問例

🕐 第1時

　ここでは，大名行列の絵を見て，そこから江戸幕府の内政について考えます。まずは有田先生の有名なネタのクイズ。

[クイズ] 第1問：「大名行列で大名がトイレに行きたくなったらどうした？」

　これは，「トイレ用の籠が大名かごに連結して，そちらに移って用をたした」が正解。歩みを止めず，進みながらなんですね。

[クイズ] 第2問：「大名のかごを前で持っている人のお尻のひも。何のため？」

①動物のマネ　　②おしゃれ　　③かごを持つ人のみんなの制服

　答えは①。大名にお尻を向けるのは無礼で，動物という扱いにしました。

　ここで教科書や資料集で，江戸の内政に関する制度の語句確認をします。その後，第3問：「参勤交代の費用は誰が出した？」

①幕府がすべて出してくれた　　②大名たちが自分で全部出した

③幕府が半分，大名が半分出した

　答えは②。大名たちがすべて出したのです。もちろん，江戸にいる間の生活費も自費ですから，大名たちの経済的な負担は相当なものだったでしょう。ここではあくまで，「大名統制としての参勤交代の側面」を押さえておきます。このとき，「大名の配置」などにも触れてもよいでしょう。

　そして，

[発問] 「参勤交代はよい政策といえるか」

と問います。どちらかが正解ということではなく，理由に注目です。「幕府

にとっては○○」「大名にとっては○○」など，当時の立場ごとで異なる理由が出るようにもっていき，3時間目への布石とします。

🕐第2時

　ここでもクイズから。第1問：「『日本初』がたくさんの長崎。次のうち，長崎で初めて行われたり，長崎に始めて持ち込まれたりしたものはどれ？」
①バドミントン　②コーヒー　③ビール　④カルタ　⑤じゃがいも
⑥キャベツ　⑦トマト　⑧チョコレート　⑨ボタン　⑩レンガ
　答えはすべて。

近世

[発問]「では，なぜこれらのものは江戸ではなく，長崎が日本初となったのでしょう。教科書のp.○○の幕府の政策から2文字で抜き出しましょう」
　答えは鎖国。そして，その後，幕府の外交政策について語句確認。最後に，
[発問]「鎖国はよい政策か」
と問います。前時の参勤交代のときと同様，理由に注目です。「幕府にとっては○○」「大名にとっては○○」など，当時の立場ごとで異なる理由が出るようにもっていきましょう。

🕐第3時

　ここでもクイズから。
第1問：「前の時間は『鎖国』について学習しましたが，家康がキリスト教を禁止したのはなぜでしょう？」
①キリスト教徒とけんかをしたから　②キリスト教の考え方が幕府と合わなかったから　③日本を征服しようとしたから
　答えは②と③。理由は先に述べた通りです。このとき，できれば当時のヨーロッパ諸国がキリスト教の布教とともにアメリカにあった国々を征服していったことなどにも触れると，家康や家光の危機感が少しは子供たちに伝わるかもしれません。江戸幕府が外交政策として，どうして鎖国への道を進めたのか，理由が分かってきます。そこで，

発問 「幕府がキリスト教を禁止にしたのはなぜでしょう」

と問い，鎖国には外国からの侵攻を防ぐ役割があったことにも気づかせます。

　次は内政，特に第1時で触れた参勤交代について詳しく見ていきます。

発問 「参勤交代で一番得をしたのは誰か？また，一番損をしたのは誰か」

と問いましょう。これは，「自分の意見をもつことで授業へ興味をもたせる」という目的の発問ですので，時間をあまりかけずに「得したのは幕府」「損したのは大名」と出させます。

発問 「参勤交代は，加賀藩であれば2000人を連れて13日も歩いて，軍隊が旅行するようなものです。どんなものが必要だったと思いますか」

　「食料」「宿」「武器」「馬」など，テンポよく出させます。そして，

発問（クイズ）「家光が，それまで江戸に住んでいた譜代の大名にも，武家諸法度で参勤交代を命じ，領地に1年おきに帰るようにしたのは？」

①飢饉が起こったから，大名に自分の国を何とかさせるため

②家光は昔からの仲のいい大名だろうと信用できないと考えたから

③自分の力を大名たちに示すため

　答えは①。家光の時代，大きな飢饉が起こります（寛永の飢饉）。参勤交代の義務がもとからあった外様大名は領地に帰れましたが，譜代大名は江戸住まいが基本。どんな現状か，と直接知れませんでした。

　そこで家光は，参勤交代制によって，直接飢饉への対応ができるようにしたのです。そしてもう一度，

発問 「参勤交代で一番得をしたのは誰か？また，一番損をしたのは誰か？」

と問い，理由を述べさせます。参勤交代が幕府，大名，その他の人々のそれぞれに与えた影響などを考えられるとよいでしょう。そして最後に，

発問 「平和が続いたのは外交，内政どちらのおかげ？」

と問います。外交＝鎖国政策など，内政＝参勤交代，武家諸法度などということは先に出すほうがよいです。ここでは，それぞれどんな政策だったかという整理と，メリット・デメリットを押さえます。この，「内政，外交から平和を見る」という視点は，のちの太平洋戦争や現在の学習でも使えます。

江戸の平和の秘密を探れ！

組　名前（　　　　　　　　　　）

✅ 歴史クイズ！

第1問：大名行列で大名がトイレに行きたくなったらどうした？

答え ＿＿＿＿＿＿＿＿＿＿＿＿＿

第2問：大名のかごを前で持っている人のお尻のひも。何のため？

①動物のマネ　　②おしゃれ　　③かごを持つ人のみんなの制服

答え ＿＿＿＿＿＿＿＿＿＿＿＿＿

✅ 教科書や資料集を見て答えましょう。

①江戸幕府は，200以上の大名たちを＿＿＿＿＿＿＿（徳川家の親戚），

＿＿＿＿＿＿＿（関ヶ原の前からの家来），＿＿＿＿＿＿＿（関ヶ原の後徳川家にし

たがった家来）に分けた。

②外様大名が江戸から遠くに置かれているのは，逆らったとき，

江戸をすぐにせめられないように　　たまたま　である。

③幕府は，武士たちのきまりごと　十七条憲法　　武家諸法度　を定めた。

④3代将軍家光は，武家諸法度を改めて，前の将軍までのような外様だけで

なく，譜代にも江戸と領地を1年ごとに行き来する＿＿＿＿＿＿＿をさせるよ

うに決めた。

✅ 歴史クイズ！

第3問：参勤交代の費用は誰が出した？

①幕府がすべて出してくれた　　②大名たちが自分で全部出した

③幕府が半分，大名が半分出した　　　　　　　　答え ＿＿＿＿＿＿＿＿

✅ 参勤交代はよい政策か？　　　　　　よい　　よくない

```
理由（立場ごとにわけると？）


```

☑️歴史クイズ！

第1問：「日本初」がたくさんの長崎。次のうち，長崎で初めて行われたり，長崎に初めて持ち込まれたりしたものはどれ？（〇をしましょう）

①バドミントン　②コーヒー　③ビール　④カルタ　⑤じゃがいも

⑥キャベツ　⑦トマト　⑧チョコレート　⑨ボタン　⑩レンガ

☑️これらのものは江戸ではなく，なぜ長崎が日本初となったのでしょう。

教科書の p.＿＿＿の，幕府の政策から2文字で

抜き出しましょう。

☐☐

☑️教科書や資料集を見て答えましょう。

①江戸時代の初め，東南アジアに日本の商人が移り住んで，

　コリアタウン　　中華街　　日本町　ができた。

②江戸の初め，スペインやポルトガルとの交流によって日本に来た宣教師たちの活動でキリスト教の信者の数が　減っていった　　増えていった　。

③最初は，貿易の利益のためにキリスト教をゆるしていたが，キリスト教の「神のほうが主君よりも上」という考えから，幕府の命令を聞かなくなることを考え，キリスト教を　どんどんゆるした　　禁止した　。

④3代将軍家光の頃，＿＿＿＿＿＿（長崎）や＿＿＿＿＿＿（熊本）で，約3万7000人のキリスト教徒が一揆を起こした。

⑤一揆のあと，幕府は絵を踏む＿＿＿＿＿＿を行うなどして，キリスト教の取り締まりをきびしくした。

⑥幕府は貿易の相手を　ポルトガル　　オランダ　や　アメリカ　　中国　に限り，外国の情報や貿易の利益を　みんなで分けた　　幕府が独占した　。

⑦鎖国のもとでも，対馬藩（長崎）と　ハワイ　　朝鮮　，薩摩藩（鹿児島）と　琉球王国　　アメリカ　，松前藩（北海道南部）と＿＿＿＿＿＿の人々の交流があった。

☑️鎖国はよい政策か？　　　　　　　よい　　よくない

理由

☑️歴史クイズ！（前ページの裏に印刷）

第1問：前の時間は「鎖国」について学習しました。では，家康がキリスト教を禁止したのはなぜでしょう？

　①キリスト教徒とけんかをしたから

　②キリスト教の考え方が幕府と合わなかったから

　③日本を征服しようとしたから

☑️幕府がキリスト教を禁止にした理由を書きましょう。

```
（記入欄）
```

☑️参勤交代にはどんなもの必要だったと思いますか？

```
（記入欄）
```

☑️家光は，それまでずっと江戸に住んでいた譜代の大名にも，武家諸法度で参勤交代で領地に帰ることを命じます。なぜ？（〇をしましょう）

　①飢饉が起こったから，大名に自分の国を何とかさせるため

　②家光は昔からの仲のいい大名だろうと信用できないと考えたから

　③自分の力を大名たちに示すため

☑️参勤交代で一番得をしたのは誰か？また，一番損をしたのは誰か？

得_____　　損_____

☑️平和が続いたのは外交，内政どちらのおかげ？　　外交　　内政

```
外交……外国との関係の持ち方　　内政……国内での決まりづくりなど
```

12 江戸の人々の生活

　「江戸時代は身分制の厳しい暗黒時代」といわれたのも今は昔。庶民ののびのびとした生活の様子が明らかになってきています。ここでも，聖徳太子の時代に用いた「逆読み」の手法で当時の生活を読み取ってみましょう。ここでは「慶安のお触書」を利用します。

ここで使える！ネタ一覧

大ネタ：江戸時代の人々の生活は○○だった！

小ネタ：①伊勢参りの絵に描かれた犬は何をしている？

　　　　　②江戸時代に流行った「○○ブーム」とは？

　　　　　③江戸時代，庶民に課せられた「一番軽い刑罰」とは？

💡 江戸時代の人々の生活は○○だった！

　皆さんは「江戸時代の生活は○○だ」とまとめるとしたらどう言いますか。現在，「士農工商」という言葉が身分の序列を表しているわけではないことは常識となっています。そもそも当時，「農民」という言葉よりももっと広い意味の「百姓」という言葉を使っていました。江戸時代は，「徳川の平和」といわれるくらい世界的に見ても平和な時代が続きます。そんな，庶民に心の余裕がある時代だからこそ，「町民中心の文化」が花開いたのでしょう。庶民の生活は，「世界有数の生活水準だった」といえるのです。

🔍 伊勢参りの絵に描かれた犬は何をしている?

　実は,「伊勢参り」をしています。江戸時代,「伊勢参り」は大ブーム。少し前は修学旅行で行く定番のコースでした。そして,現在の「ガイドブック」に相当するものが浮世絵。しかし,旅は現在と違い,いつでも誰でも行けるような手軽なものではありません。旅をするのには1日に1万円かかったともいわれます。そこで,「伊勢講」といって集団で伊勢参りのための積立金を集め,代表者がみんなの代理として伊勢へ行くという方法が取られたようです。代理は人だけではなく,中には犬を行かせたこともあったそうです。

🔍 庶民に課せられた「一番軽い刑罰」とは?

　江戸時代,庶民に課せられた一番軽い刑罰は何でしょう。実は皆さんの手元の辞書に載っています。それは,「叱り」です。『広辞苑』第6版では,

　　—しかり【叱・呵】—①江戸時代の庶民に科した最も軽い刑。白州に
　　呼び出し,その罪をしかったもの。(中略) そのやや重いものを屹度叱
　　(きっとしかり)という。

とあります。ちなみに,「屹度叱」とは,「きつくしかること」ですから,2番目に軽い刑は「きつく叱られること」でした。現代の感覚では,思わず笑ってしまいそうですが,当時の庶民は「長屋暮らしの共同生活」が基本。今よりもずっと「周りの目」が気になった時代ですから,「あの人,叱られたらしいよ」と噂が立つのは本当に恥ずかしいことだったのでしょう。

導入にピッタリ!ミニネタ一覧

①江戸時代の「心中ブーム」とは?
　　江戸時代,上方(大坂方面)中心に起こったのが「心中ブーム」。近松門左衛門の「曽根崎心中」がブームの発端といわれています。メディアがブームをつくり,「身分違いの恋」に憧れるのは今も昔も同じなのでしょうね。

単元プランの実際

第1時	○江戸時代の人々の生活は○○だった。 ○「慶安のお触書」を逆読みしよう！ ○庶民に科せられた「一番軽い刑罰」とは？
第2時	○江戸の庶民は○○だった。 ○犬の描かれた絵。この犬，何している？ ○江戸時代に起こった○○ブームとは？

授業展開と発問例

⏰第1時

　この時間はクイズを中心に江戸の文化，人々の生活を見ていきます。教科書によっては，身分に関する単元と文化に関する単元が分かれているものもあるようですが，同じ時間に扱います。

クイズ 第1問：「江戸時代の庶民，悪いことをしたらどんな罰を受けたでしょう。一番軽い罰を答えよ」

　答えは「叱り」です。次に，

クイズ 第2問：「2番目に軽い刑罰は？」

　答えは「屹度叱（きっとしかり）」。つまり，「きつく叱る」です。「町人の長屋を住処とした共同生活」という江戸時代の特徴を説明したり，もし教科書や資料集にイラストがあれば，そこから「今と違って叱られることがいかに恥ずかしいことだったか」に気づかせたりするとよいでしょう。

　教科書や資料集で身分制度や，五人組などの語句を確認した後，

発問 「慶安のお触書の逆読みをしましょう」

と言います。ここでは，「酒や茶を買って飲まないこと⇔酒や茶を買って飲んでいた」というふうに読みます。そして時間の最後に，

発問 「江戸時代の人々の生活は○○だった」

と問いましょう。ここで，「共同生活だった」「協力して過ごしていた」「身分ごとに努力して過ごしていた」などが出てくるとよいですね。不十分であれば，「身分ごとのくらしって？」と追加発問してもよいかと思います。

⏱第2時

　ここでもクイズから。

クイズ 第1問：「江戸時代の伊勢神宮の図には犬が描かれています。何をしている？」

①神社にお参り（伊勢参り）　　②当時，多くいた野良犬

③江戸時代の神社は，犬を大事にしなくてはならなかったから描いただけ

　　答えは①。19世紀になってブームになった伊勢参りの様子です。

クイズ 第2問。「他にも，江戸時代にはブームになったものがあります。それは何？」

①心中　　②スポーツ観戦　　③アイドルの追っかけ

　　答えはすべて。ここで，

発問 「①〜③それぞれ，何がもとになってブームにつながったか，教科書から見つけましょう」

と問います。答えは，①は先に述べた通りの「近松門左衛門」の人形浄瑠璃「曽根崎心中」。②は相撲観戦。③は歌舞伎。③の「歌舞伎役者の役者絵」は浮世絵で，売りに売れました。ここで，

発問 「（浮世絵を見せながら）浮世絵は今でいうと好きな芸能人の画像がわりとして売れに売れましたが，売れたのは他にも理由があります。どんな役割があったでしょう」

と問いましょう。適当に答えを言わせた後，答えとして，「ガイドブック」ということを伝えます。ここで第1問の「伊勢参り」とつなげることができます。つまり，旅に出ていた人たちがそれだけ多かったのが江戸時代なのです。

　他の語句を教科書や資料集で確認した後，最後に，

発問 「江戸時代の人々の生活は○○だった」

と再び問いましょう。前回の，「身分制」に関すること以外にも，「歌舞伎を楽しんだ」「旅を楽しんだ」「花火を楽しんだ」など，のびのびとした江戸時代の様子が出てくるといいですね。

江戸時代の人々の生活とは!?

組　名前（　　　　　　　　　　）

☑ 歴史クイズ！

　江戸時代のしょ民，悪いことをしたら白州（今の裁判所）に呼び出されてどんな罰（ばつ）を受けたでしょう。一番軽い罰（ばつ）と二番目を答えよ。

一番	二番

★理由：当時のしょ民（町人）は長屋（横に長い1つの建物に仕切りがある家）での共同生活。井戸やトイレも1つをみんなで使いました。だから，「あの人，〜〜されたらしいよ」とすぐにうわさが立ったと考えられます。

☑ 教科書や資料集を見て答えましょう。

①江戸時代は，武士，百姓，町人（職人・商人）など，＿＿＿＿＿＿＿が区別された。

②町以外の村に住む百姓（農民，漁師，猟師など）たちは，＿＿＿＿＿＿組という仕組みのもとで，共同して過ごしていた。

③武士，百姓，町人から＿＿＿＿＿＿される身分の人たちもいた。

④江戸は，＿天下の台所　将軍のおひざ元＿と呼ばれ，人口が100万人おり，大坂は，＿天下の台所　将軍のおひざ元＿と呼ばれ，全国の米が集められた。

☑ 慶安のお触書のうち，1つ選び，逆読みをして発表しよう！

☑ 「江戸時代の人々の生活は〇〇だった」とまとめよう。

✅ 歴史クイズ！（〇をしましょう）

第１問：江戸時代の伊勢神宮の図には犬が描かれています。何をしている？

　　①神社にお参り（伊勢参り）　　②当時，多くいた野良犬

　　③江戸時代の神社は，犬を大事にしなくてはならなかったから描いただけ

第２問：他にも，江戸時代にはブームになったものがあります。それは何？

　　①心中　　②スポーツ観戦　　③アイドルの追っかけ

✅ 教科書や資料集を見て答えましょう。

　　①～③は，それぞれ何がもとといえる？線で結ぼう！

　　①心中　　　　　　　　　・　　　　　　　　　　　・歌舞伎（かぶき）

　　②スポーツ観戦　　　　　・　　　　　　　　　　　・人形浄瑠璃

　　③アイドルの追っかけ・　　　　　　　　　　　　　・相撲

☆浮世絵は今でいうと好きな芸能人の画像がわりとして売れに売れました。

　　しかし，風景画が売れたのは他にも理由があります。それはなぜ？

※ヒント，伊勢参り（旅行）

✅ 教科書や資料集を見て答えましょう。

①人形浄瑠璃では　　近松門左衛門　　歌川広重　が名作を残した。

②浮世絵では，葛飾北斎の　富嶽三十六景　　東海道五十三次　や

　　　　　　　　の東海道五十三次が風景画としての名作とされる。

③「世界で一番短い詩」ともいわれる　短歌　俳句　では，　　　　　　　　が

　数多く名作を残している。

④杉田玄白は，オランダの医学書をもとに　　　　　　　　を出版した。

⑤伊能忠敬は，正確な　　　　　　　を作った。

⑥本居宣長は，　国　　蘭　学を発展させた。

✅ 「江戸時代の人々の生活は〇〇だった」とまとめよう。

授業をもっと楽しくする ＋α ネタ

⚠️ 武士や町人はどうやって年貢を払ったか？

　江戸の税で取り上げられるのは，百姓ばかりだということにお気づきでしょうか。そもそも，町人や武士はどうやって税を納めていたのかご存知でしょうか。実は，「納税の義務がなかった」というのが正解。町人，特に商人たちの中には，町のために私財を投じて橋を造ったり道を造ったりする者もいました。それに，幕府が決めたきまりに従って，格安でお金を貸し出すこともあったようです。商人たちにとったら税をとられないという特権を確保でき，幕府にとっても「税をとってない特権があるんだからいざとなれば助けろよ」ということをいえる，お互いにとっていい関係だったようです。

　一方で武士は，家光によって「江戸版，御恩と奉公」の制度が定められます。つまり，武士にとったら税は払わず過ごせる特権があり，幕府にとっても「税をとってない特権があるんだからいざとなれば助けろよ」という町人たちと同じ，お互い得するシステムで成り立っていたのです。

⚠️ 綱吉は暗君か名君か？

　かつては「犬将軍」などとずいぶん評価の低かった綱吉ですが，最近は見直されています。江戸を代表する文化が花開いた元禄時代は，綱吉の時代でした。人々，しかも庶民が文化の主役となり，文化を楽しめたのは，国が安定していたからに他なりません。かつては悪の象徴であった生類憐みの令も，現在では「戦国以来続いていた，生命を軽んじる空気を変え，人々が生命尊重を意識するためのきっかけになった」とされています。

⚠️ 大名行列に道をゆずらせるものの正体とは!?

　しかし，有田先生の「ずいずいずっころばしごまみそずい……の歌は，実は大名よりも力をもっていた『茶壺道中』を表していた」というところから当時の身分制度の厳しさを知るというネタは，「お茶のために大名行列が道を譲ったなんて！」と子供たちが驚くこと間違いありません。しかし，茶壺以外にも大名行列が道を譲ったものがあります。それは，公用の「継飛脚」です。これは京都，大阪と江戸を結んでいた飛脚で，一番早いもので何と56時間でたどり着いたといいます。大阪―東京間で約500km。人は１日40キロほど歩けますので，普通ならば12日かかる距離です。一番飛脚を「無刻」といい，２人ペアで移動しました。片方は荷物を担ぎ，もう片方は「御用」と書かれた提灯を持って走ったそうです。

近世

参考文献

○『広辞苑第６版』岩波書店
○岡崎　均『"江戸時代" 間違って教えてませんか』明治図書
○仁科邦男『犬の伊勢参り』平凡社新書
○石上英一『日本の時代史14』吉川弘文館
○歴史 REAL 編集部編『「武士」の仕事』洋泉社
○大和田守，歴史の謎を探る会編『こんなに面白い江戸の旅』KAWADE 夢文庫
○磯田道史『NHK さかのぼり日本史　⑥江戸』NHK 出版
○中公新書編集部編『日本史の論点』中央公論新社
○歴史の謎を探る会編『江戸の時代　本当にあったウソのような話』（KAWADE 夢文庫）河出書房新社
○有田和正『授業づくりの教科書　社会科授業の教科書５・６年』さくら社

13 明治時代①
開国は必要だったか!?
―幕末の日本から考える―

　明治という時代は現在の視点からだけだと，「開国して現在の文化に近づいたからよい」「でも，軍隊を持つようになったから悪い」など深く捉えることはできません。「なぜ当時の人はそのような政策をとることになったか」ということにまで触れ，「歴史の見方」を身につけさせたいものです。

ここで使える！ネタ一覧

大ネタ（大発問）：開国は必要だった？（開国の是非を問う！）

中ネタ：アヘン戦争の衝撃

小ネタ：①「開化旧弊興廃くらべ」―江戸 VS 明治を読み取れ―
　　　　　②ペリーは何のために来た？
　　　　　③不平等条約は当然？

💡 開国は必要だった？

　明治時代にいわれた「文明開化」。錦絵「開化旧弊興廃くらべ」を見て，「何と何が争っているか」から文明開化を読み取らせます。生活が現在のような西洋式になったことを見ると，多くの子供たちは「開国は必要だった」と考えるでしょう。そこで，「開国は必要か？」という問いを，単元の前半は何度も利用します。まずは「文明開化はよかった。でも，不平等条約や軍隊は……」など，子供たちが「現在の視点」からだけ意見を言うところまでで OK。徐々に，「当時の人々の視点」が入った意見になるようにします。

 アヘン戦争の衝撃

日本はずっと，中国をお手本にしてきたといっても過言ではありません。だからこそ1840年のアヘン戦争での清の惨敗は衝撃でした。「日本も同じ目に合うのでは？」と，西洋の国に恐れと危機感を抱いたことでしょう。

西洋視点では不平等条約は当然？

皆さんが歩いていて突然捕まり，「ここを通ったものは死刑！これで腹を切れ」と言われたらどうしますか。きっと納得できず，「きちんとしたきまりで判断してくれ」と考えるでしょう。当時日本に来た西洋の人も同じです。「変な髪形や格好をした遅れた人間たち」のつくったきまりで裁かれるのは嫌だったのです。それが，西洋の国が治外法権を日本に認めさせた理由の一つです。だから日本は国会を開き，憲法を整え，「しっかりした法のある国ですよ」とアピールしたのです。

大塩平八郎が乱を起こしたのは？

大塩平八郎の乱は，全国で30万人もの人が亡くなった「天保の飢饉」の真っ最中に起こります。全国で取れたお米は，飢饉が起こっても大坂に集められていました。つまり，大坂以外の人たちは自分たちが必要なお米すらないのに，大坂の商売人の元にお米は届けられてしまい，餓死するという不合理なことが起こったのです。しかも，大坂ですら餓死者が出たのです。この状態に何もしない役人たちに不満をもち，命より商売を優先する商売人に不満をもった大塩平八郎は乱を起こしたのです。そして，これは，「全国→大坂」だけのことではなく，「日本→外国」でも同じです。日本で必要なものを外国に売ってしまい，日本の人が使うものが足りなくなっているのに幕府は十分に対策をせず，商売人は儲けようとしたのです。

単元プランの実際

第1時	○ (大発問) 開国は必要だった? (開国の是非を問う) ○「開化旧弊興廃くらべ」―江戸 VS 明治を読み取れ―
第2時	○ (大発問) 開国は必要だった? (開国の是非を問う) ○ペリーは何のために来た? ○ガキ大将がやられた? ―アヘン戦争の衝撃― ○突然捕まった日本人の話―治外法権のねらいは―
第3時	○開国は必要だった? (開国の是非を問う) ○大塩平八郎の乱に驚いた理由は?

授業展開と発問例

🕐 第1時

　まずは明治時代のクイズから。

クイズ 第1問:「『明治時代にできたもの』ではないのは?」

A:あんぱん　　B:三ツ矢サイダー　　C:たこ焼き

　答えはC。Aのあんぱんはまさに「西洋と日本の文化の融合」ともいえる品ですね。そして,「明治になって,江戸と比べていろいろなことが変わりました」と言い,

発問 「『開化旧弊興廃くらべ』から,変わったことを読み取ろう」

と発問しましょう。このとき,カラーコピーで班に1枚ずつくらい配ると見やすいです。また,書いてある平仮名をなぞっておくなどして,文字を読みやすくしておいたほうがよいです。そして,「これらの変化は,鎖国をやめて開国したから生まれました」と説明します。

　その後,教科書の語句確認をして,

発問 「開国をしてよかったか?」

と問い,理由も書かせましょう。この発問で「開国の陰と陽」の部分を浮き彫りにし,当時の人々のぎりぎりの判断の追体験ができます。

🕐第2時

　まずは，「開国」のきっかけになったのはペリーが来たからであることを
説明し，できればペリーの顔を見せます。そして，ペリーに関するクイズか
ら始めます。

クイズ 第1問：「ペリーは何をしに日本まで来たでしょう」
Ａ：貿易の取引を日本に迫るため　　　Ｂ：日本に戦争を仕掛けるため
Ｃ：「鯨をとるとき寄らせて！」という大統領からの手紙を渡すため

クイズ 第2問：「ペリーはどこからきてどこに戻っていったでしょう」
Ａ：沖縄から来て香港に帰った。Ｂ：アメリカから来てアメリカに帰った。
Ｃ：アメリカから来て沖縄に帰った。

　第1問はＣ。捕鯨のときの補給が目的。第2問はＡ。日本に来る前に沖縄
に寄っており，日本の返事待ちを香港でしました。その後，日米和親条約と
日米修好通商条約を結んだことを確認し，それが不平等条約であったことを
教科書や資料集から読み取ります。そして，他の語句確認もした後，

発問 「開国をしてよかったか？」
と二度目の発問を行います。ここでは簡単に理由をいう程度でいいです。

　そして，日本が開国をした理由を次から選ばせます。

クイズ 第3問：「開国をした理由として違うものはどれでしょう」
Ａ：いきなり来た黒船に驚き，西洋の技術に脅されたから
Ｂ：中国がイギリスにコテンパンにやられ，しかも土地まで取られたと聞い
　　たから
Ｃ：西洋の進んだ技術には今のままでは敵わないため，取り入れようと考え
　　たから

　答えはＡ。幕府は黒船が来ることは知っており，主な大名にも知らせてい
ます。その後，西洋人から見たら日本の文化やきまりがどう見えたかの説明
（詳細は後述）をし，もう一度，

発問 「開国をしてよかったか？」
と判断をさせ，理由を書かせましょう。このとき，世界情勢からみると妥当

近現代

ともいえる判断だったことを子供たちが理由として書くとよいでしょう。

🕐 第3時

　ここでは幕末の混乱に関するクイズから。

クイズ 第1問：「1821年，あることが流行ります。何でしょう」

　A：風邪　　　B：心中　　　C：団子を食べること

　答えはA。幕府は21万人を救うためにお金を配ります。その後，幕末にかけて地震，洪水などの自然災害も多発します。

クイズ 第2問：「『大塩平八郎の乱』で幕府の役人はとても驚いたという。それはなぜ？」

　A：大塩平八郎はすでに牢屋にいたはずだったから

　B：大塩平八郎は元幕府の役人だから

　C：大塩平八郎はすでに死んでいたはずだったから

　答えはB。武士の平八郎がまさか……。ということです。ちなみに，この乱で起こった火事は2日間続き，大坂市中の5分の1が燃えたそうです。

発問 「大塩平八郎が乱を起こしたのは正しかったか？」

と問います。立場を決めさせ，簡単に理由を確認した後，先に記述した乱の理由を簡単に説明します。

　その後，教科書や資料集を使って「打ちこわし」「世直し」「薩長同盟」などの言葉を確認し，倒幕につながったことが理解できたら，

発問 「開国をしてよかったか？」

を問います。開国のせいで幕末の人々の生活は苦しくなったという一面に触れられるようにしましょう。

明治時代①　開国に賛成か？—ペリーが来た！—

組　名前（　　　　　　　　　　　）

☑️歴史クイズ！

第１問：「明治時代にできたもの」ではないのは？

　A：あんぱん　　　B：三ツ矢サイダー　　　C：たこ焼き

☑️「開化旧弊興廃くらべ」では，何と何が戦っている？

	江戸		明治
①	と		
②	と		
③	と		
④	と		
⑤	と		
⑥	と		
⑦	と		
⑧	と		
⑨	と		
⑩	と		

☑️開国をしてよかったか？　　　　　　　　よかった　　よくなかった

理由

○ペリーという人物が日本にやってきます。その後，日本は開国をします。

✅歴史クイズ！（○をしましょう）

第1問：ペリーは何をしに日本まで来たでしょう。

　　A：貿易の取引を日本に迫るため　　B：日本に戦争を仕掛けるため

　　C：「鯨をとるとき寄らせて！」という大統領からの手紙を渡すため

第2問：ペリーはどこからきてどこに戻っていったでしょう。

　　A：沖縄から来て香港に帰った　　B：アメリカから来てアメリカに帰った

　　C：アメリカから来て沖縄に帰った

✅教科書や資料集を見て答えましょう。

①ペリーは，＿＿＿＿＿＿年，今の神奈川県の＿＿＿＿＿＿＿に現れた。

②翌年（1854年），幕府は＿＿＿＿＿＿条約を結んだ。

③このとき，＿＿＿＿＿＿と＿＿＿＿＿＿の2つの港を開いた。

④そして，1858年には＿＿＿＿＿＿が結ばれた。

⑤これは「不平等条約」といわれた。それは，＿＿＿＿＿＿＿を認めている。

　　そして，＿＿＿＿＿＿＿がない。

✅開国をした理由として違うものはどれでしょう。

　　A：いきなり来た黒船に驚き，西洋の技術に脅されたから

　　B：中国がイギリスにコテンパンにやられ，しかも土地まで取られたと聞いたから

　　C：西洋の進んだ技術には今のままでは敵わないため，取り入れようと考えたから

✅開国をしてよかったか？　　　　　　よかった　　よくなかった

理由

✅歴史クイズ！（○をしましょう）
第１問：1821年，あることが流行ります。何でしょう。
　　A：風邪　　B：心中　　C：団子を食べること

✅教科書や資料集を見て答えましょう。
①19世紀，大きな飢饉が起こり，百姓＿＿＿＿＿＿＿が増えた。
②開国して外国との貿易が始まると，国内の品物が　増えた　　不足した
　り，米などが　値上がり　　値下がり　して，人々の生活を苦しめた。
③各地で，世直しを求める＿＿＿＿＿＿＿が激しくなった。
④幕府を倒す動きが強まり，その中心になったのは，＿＿＿＿＿＿藩や
　＿＿＿＿＿＿藩だった。
⑤上の２つの藩は，＿＿＿＿＿＿の働きかけで＿＿＿＿＿＿同盟を結んだ。
⑥その後，15代将軍徳川　慶喜　家康　は政治をする権利を天皇に返した。

✅歴史クイズ（○をしましょう）
　「大塩平八郎の乱」で幕府はめちゃくちゃ驚いたという。それはなぜ？
　　A：大塩平八郎はすでに牢屋にいたはずだったから
　　B：大塩平八郎は元幕府の役人だから
　　C：大塩平八郎はすでに死んでいたはずだったから
　ちなみに，この乱で起こった火事は２日間続き，大坂市中の５分の１が
燃えたそうです。

✅大塩平八郎が乱を起こしたのは正しかったか？
　　　　　　　　　　　　　　　正しかった　　正しくなかった

理由

14 明治時代②
開国は必要だったか!?
―明治政府の政策から考える―

　幕末の混乱を超えて，幕末・明治の中編です。ですから，単元を通す大ネタ（大発問）は前編のまま「開国は必要だったか!?」です。

ここで使える！ネタ一覧

大ネタ（大発問）：開国は必要だった？（開国の是非を問う！）

中ネタ：五か条の御誓文を逆読みしよう！

小ネタ：①県は最初いくつあった？

　　　　②日本で最初の運動会の種目とは？

　　　　③地租改正と「富国強兵」の関係

五か条の御誓文を逆読みしよう！

　同じみの「逆読みシリーズ」です。「広く会議を興し，……」「上下心を一にして，盛んに経綸をおこなうべし」……。ちなみに，翌日に出された「五榜の掲示」というものもあります。こちらは，庶民への禁止事項を書いているもので，秀吉以来の「キリスト教の禁止」が明治時代になっても書かれています。

県は最初いくつあった？

　明治政府最大の改革ともいえる廃藩置県。実は初め廃藩置県が行われた1871年，何と300以上もの県が存在しました。もちろん，現在では存在しない県もあれば，奈良県などは，現在は存在しても一度堺県に吸収されてしま

って存在しなくなってしまっています。合併，分離を繰り返して現在の47に
なったのは1890年から。もっとも，1945年からしばらくは沖縄がアメリカ占
領下でしたから，46の時代もありました。

日本で最初の運動会の種目とは？

　日本で初めての運動会は，1874年３月21日に海軍兵学寮で行われました。
　少しそのプログラムをのぞいてみましょう。
① 「燕子学飛（つばめのとびならい）」（300ヤード競争）
② 「文鰩閃浪（とびうおのなみきり）」（幅跳び）
③ 「大鰡跋扈（ぼらのあみごえ）」（走り高跳び）
④ 「老狸打礫（ふるだぬきのつぶてうち）」（遠投）……等々18種目。
　そして最後の競技が，
　「中原逐鹿（もろこしのしかおい）」（子豚を捕まえる競技）
だったそうです。これらは，イギリス人教師のすすめによるものでした。だ
から，見たこともないイギリスの「アスレチックスポーツ」と「祭り」で行
われていた競技などを混ぜて考えられました。運動会の種目がイギリス式に
なったのは偶然ではなく，海軍はイギリスを模範としていたからなのです。

地租改正と「富国強兵」の関係

　江戸時代までの政府は，基本的に米での税収を領主ごとに行うという方法
でした。ところが，明治になって「地租改正」が行われ，「税を金で収める」
ということになり，しかもそれを政府が全国で行うこととなりました。当然，
政府の収入が増え，政府の財政は豊かになりました。

近現代

単元プランの実際

第4時	○開国は必要だった？（開国の是非を問う） ○初めの県の数は？　　○五か条の御誓文の逆読み
第5時	○開国は必要だった？（開国の是非を問う） ○日本初の運動会の種目とは？
第6時	○開国は必要だった？（開国の是非を問う） ○「開国してよかったか」を文化面，政策面から考える。

授業展開と発問例

⏱第4時

　ここでは明治の政策に関するクイズから。

クイズ 第1問：「初め，県はいくつあったでしょう」

　これはすでに紹介した通り。簡単に説明を加えましょう。そして，教科書，資料集での語句確認。ここでは「五か条の御誓文」「廃藩置県」「天皇中心の国」「四民平等」「解放令」などを押さえ，これらの様々な改革をまとめて「明治維新」とよぶという整理を加えます。人物の整理も表にしたら分かりやすいでしょう。この後は，

発問 「五か条の御誓文の逆読みをしよう」

　全員にすべてやらせると時間がかかりますので，「1班は1つ目，2班は2つ目」というふうに決めるとよいでしょう。そして，最後に，

発問 「開国をしてよかったか？」

と再び問います。明治維新の内容が出てくればよいでしょう。

⏱第5時

　ここでもまずはクイズ。

クイズ 第1問：「日本で最初に行われた運動会，最初の競技は『燕子学飛（つばめのとびならい）』　さて，これは何？」

　答えは「短距離走（300ヤード走）」。他の競技の名前も紹介して，内容を予想してもいいでしょう。では，第2問。なぜこんな名前になったのか？

Ａ：イギリスの誰も見たことのない競技をかっこよく日本語に直そうとした

Ｂ：全国からきた学生がいたので，それぞれの故郷の運動競技の名にした

Ｃ：海軍の偉い人が何となくつけた

　答えはＡ。日本海軍はイギリスを手本にしました。しかし，そのまま訳しても面白くなさそうだったので，格好よくしたとか。さて，海軍は，なぜそこまでしてイギリスの真似をしようとしたのでしょう。

発問 「イギリスの真似をしたのはある政策のため。４文字でいうと」

　教科書や資料集から探させます。答えは「富国強兵」。イギリス式の運動会を開いたことも，富国強兵や文明開化に関係がありました。そして，

発問 「国を金持ちにし，強くするためにはどうすればよいでしょう」

と問いましょう。ここでは，「商売をする」「武器を買う・作る」などが出てくるでしょう。これは，「徴兵」や「殖産興業」につなげるための発問です。しかし，「地租改正」と「富国強兵」がつなげられるかは疑問です。出てこなければ，教科書，資料集で「富国強兵」「殖産興業」「地租改正」のような語句を確認した後に，

発問 「地租改正は『富国強兵に関係ある』に賛成か？」

と問うとよいでしょう。そこで，「税をお金で集めるようになった」「明治版の検地」と考えられることをつかめるとよいでしょう。

　なお，この第４時と第５時を１時間で行うこともできます。用語が多いこともあり，あえてここでは２時間に分けて紹介しています。

⏱第6時

　これまでのワークシートなどでおさらいをした後，まとめとしてもう一度じっくり話し合わせたいのが，

⏱発問 「開国をしてよかったか？」

ということです。メリットとしての「経済発展」「文明開化」，デメリットとしての「物不足」「物価高騰」などが出てくるとよいでしょう。

明治時代②　明治政府の国づくりとは!?

組　　名前（　　　　　　　　　　　）

☑歴史クイズ！

　明治時代，初め県はいくつあったでしょう。＿＿＿＿＿

☑教科書や資料集を見て答えましょう。

①これまでの藩をなくして県や府にすることを＿＿＿＿＿という。

②これまでの身分制度をあらためて＿＿＿＿＿とした。

③差別に苦しんできた人も＿＿＿＿＿が出されて平民とされた。

④これらの改革を＿＿＿＿＿という。

☑明治に活やくした人たちを，１文字目をヒントにまとめよう！

公家	岩	
薩摩藩	大	西
長州藩	木	伊

☑「五か条の御誓文」を逆読みして，当時の社会を想像しよう！

自分の担当の，もとの文

逆読み

☑開国をしてよかったか？　　　　　　　よかった　　よくなかった

理由

✅歴史クイズ！

第1問：日本で最初に行われた運動会，最初の競技は「燕子学飛（つばめの とびならい）」。さて，これはどんな競技？

[　　　　　　　　　　　　　　　　　　　　　　　　　　　　　　　]

第2問：こんなわけの分からない名前になった理由は？
　　A：イギリスの誰も見たことのない競技をかっこよく日本語に直そうとした
　　B：いろいろな地方の学生がいたので，それぞれの故郷の運動競技の名にした
　　C：海軍の偉い人が何となくつけた

☆では，明治の人たちはなぜそんなことをしたのでしょう。明治の政策から 4文字で書きましょう。

富			

✅国を金持ちにし，強くするためにはどうすればよいでしょう。

[　　　　　　　　　　　　　　　　　　　　　　　　　　　　　　　]

✅教科書や資料集を見て答えましょう。
①税の取り方を，お米から土地の値段に応じた方法にかえた。これを，
　_____ という。
②国民中心の軍隊をつくるために，20才になった男子全員に兵役の義務を定 めた。これを _____ という。
③近代的な産業を盛んにするためにヨーロッパやアメリカから優れた技術を 学んだ。これを _____ という。
④政府は，福岡に _____ 製鉄所，群馬に _____ 製糸場を造って産業 を発展させようとした。

✅開国をしてよかったか？　　　　　　　よかった　　よくなかった

理由

15 明治時代③
日本は近代化したといえるのか？

　明治の前半は「開国の是非」にこだわって学習しました。そして，後半は世界の流れに嫌でも巻き込まれていく日本の姿を追いながら，明治政府の是非を問うことにします。

ここで使える！ネター覧

大ネタ（大発問）：日本は近代化したといえるのか？
中ネタ：なぜ憲法があると「近代国家」の仲間入り？
小ネタ：①演歌は「演説歌」の略？　　②選挙権１％の是非を問う！

💡 日本は近代化したといえるのか？

　この答えは「どちらの立場でもよい」というものです。しかし，「近代化した」という理由には，「憲法が制定された」「国会が開かれた」などの理由をつけなくてはなりません。一方で，「不平等条約がまだ改正されていない」という点から，「近代国家として認められていれば不平等条約は改正されるはずだ」ということも意見として出てくると面白いですね。明治政府の政策を整理し，評価するための発問として捉えて使いましょう。

💡 なぜ憲法があると「近代国家」の仲間入り？

　絵本や児童書の中には，王様が好き勝手に振る舞い，いろいろなきまりをつくって国民を困らせるものがあります。昔の国々はこのように王様が好きなようにきまり（法律）をつくることができました。

さて，話が変わるようですが，なぜ「憲法があると近代国家といえる」ので
でしょうか。それは，「憲法は立法機関が好き勝手に法をつくるのを防ぐた
め」にあるからです。昔の王様は自分勝手に法をつくることができました。
しかし，憲法があれば，「憲法に違反する法はつくれない」となるのです。
支配者が勝手にできない。これが近代国家の証なのです。

演歌は「演説歌」の略？

演歌という歌のジャンルがあります。何となく，日本の伝統の歌のイメー
ジがありますね。実は演歌とは「演説歌」の略なのです。

国会開設前，まだまだ国民の中には「自分たちで国づくりをする」という
意識は希薄でした。そんな中，新聞や演説で「このままではダメだよ。みん
なで国はつくるものなんだよ」と訴える人たちが出てきました。この運動の
ことを「自由民権運動」と呼びます。しかし，ただ，「このままではダメ
だ！」と政府批判をしていたのでは政府に止められたり逮捕されたりしまし
た。そこで，「演説ではなく，歌っているのです」とごまかしたのです。こ
れが「演説歌」，つまり「演歌」の始まりだそうです。

近現代

選挙権１％の是非を問う！

憲法が発布されると，日本中がお祭り騒ぎになったそうです。でも，多く
の人たちが「憲法って何？」という状態だったとか。つまり，訳が分からな
いまま「何となく」お祝いムードだから騒いでいただけだったのです。

当時の人々はまだまだ「政治」といわれても何のことやらの状態。そんな
中で，「国民の全員に選挙権を与える」という政策が出されたとしたら，本
当に国民のためになったのでしょうか。ついつい「一部の人だけなんておか
しい」「金持ちだけなんておかしい」と考えがちですが，いつも今の感覚だ
けで歴史を判断することの危うさを知っておかなければなりません。

単元プランの実際

第7時	○日本は近代化したといえるのか？ ○演説会をごまかすための手段は○○だった!?
第8時	○日本は近代化したといえるのか？ ○危険な王様の命令を止めるためには？

授業展開と発問例

⏱第7時

まずはクイズから。

クイズ 第1問：「『演歌』という歌のジャンルがあります。何の略でしょう」

A：演劇歌　　　B：演出歌　　　C：演説歌

答えはC。演説のときに歌を歌ったのです。

クイズ 第2問：「なぜ，演説のときに歌を歌ったのか」

A：演説をすると捕まるから，「これは歌ですよ」とごまかすため

B：普通に演説するより，歌にしたほうがみんなは聞いてくれたため

C：演説は話すのではなく，歌にするのが明治時代の流行りだったため

　答えはA。先述の演歌のエピソードを紹介した後，語句の確認をします。そして，

発問 「日本は近代化したといえるのか」

と問うてこの時間を終わります。ここでは，「国会を開設せずに国民の意見を聞いていないからしたとはいえない」「これまで学習したように文明開化している」ということが出てくればよいでしょう。実際は，制度や街，人々の格好などのソフト面は変わっても，まだまだ国のシステムなどのハード面は変わり切っていないといえるのではないでしょうか。

⏱第8時

　ここでは，クイズというよりもワークシートにあるお話を聞かせるところからスタートします。そして，子供たちからはおそらく，「王様を辞めさせ

128

る」「王様を処刑する」などの意見が出てくるでしょう。

　しばらく意見を出させた後で、「実は、王様に勝手なことをさせないための仕組みが教科書の〇ページに載っています」と、憲法に触れているページを開かせます。そして、前述のような「憲法には、法律をつくる人たちが勝手な法律をつくれないようにするという力がある」という憲法の意味を説明します。そして、だから「近代国家」といえるのだということを押さえます。

　その後、教科書や資料集で「天皇中心の国づくり」「大日本帝国憲法」などの語句や人物名を確認します。そして、国会が開かれたことを紹介します。ここで、

発問 「国会を開くよりも、今までのように一部の人に決めてもらうほうが楽ではないか？」

と問い、立場を決めさせ、理由を問います。ここでは、「国民みんなから意見を聞ける国会は開いたほうがよい」という意見が出てくるでしょう。

　そして、クイズで「では、国民の何％が選挙に投票できたか？」

Ａ：半分　　　Ｂ：90％　　　Ｃ：１％

と問いましょう。もちろん、答えはＣ。高額納税者であることや、男性であることが条件であったことを伝えます。また、当時憲法の発布のときも内容を全く知らずにお祭り騒ぎしていた国民の様子を、漫画「日本の歴史」などから紹介します。

　時間があれば、「このような状態で、国民全員に選挙権を与えても大丈夫か？」と問い、世界的にも「制限選挙」は当時の一般的な制度だったことも説明してもいいかもしれません。そして、時間の最後に、

発問 「日本は近代化したといえるのか」

と問います。ここでも立場は問わず、前時の学習の「憲法発布」「国会開設」などが根拠として出てくればよいでしょう。

近現代

明治時代③　日本は近代化したといえるのか？

組　名前（　　　　　　　　　　　）

✔️歴史

クイズ！（〇をしましょう）

第１問：「演歌」という歌のジャンルがあります。何の略でしょう？

　A：演劇歌　　　B：演出歌　　　C：演説歌

第２問：なぜ「１問目の答え」のときに歌を歌ったのでしょう？

　A：演説をすると捕まるから，「これは歌ですよ」とごまかすため

　B：普通に演説するより，歌にしたほうがみんなは聞いてくれたため

　C：演説は話すのではなく，歌にするのが明治時代の流行りだったため

✔️教科書や資料集を見て答えましょう。

①明治時代になると，新しい時代の仕組みに不満をもつ元武士（士族）が

　＿＿＿＿＿＿＿を中心に反乱を起こした。これを＿＿＿＿＿＿戦争という。

②板垣退助たちは，「国民に広く意見を聞いて政治をするべきだ！」という

　主張を人々に訴えた。この運動を＿＿＿＿＿＿運動という。

③1890年に＿＿＿＿＿＿が開かれることになり，板垣退助や＿＿＿＿＿＿は政党

　をつくった。

✔️日本は近代化したといえるのか。　　　　　いえる　　いえない

理由

☑️ お話を読んで考えましょう。

「あるところにとってもわがままな王様がいました。その王様は『豪華な服を作れ』と命令して国民に作らせたり，好き勝手なきまり（法律）を作ったりしては国民を困らせていました。さて，王様の勝手なふるまいをやめさせるにはどうすればよいですか？」

王様の勝手なふるまいをやめさせるにはどうする！？

☑️ 教科書から，「王様の勝手なふるまいをやめさせるための仕組み」を漢字2文字で見つけましょう。

☑️ 教科書や資料集を見て答えましょう。

① 伊藤博文を中心に，＿＿ドイツ＿＿ フランス＿＿ を参考に憲法づくりが進められた。そうして，＿＿1889年＿＿ 1888年＿＿ に＿＿＿＿＿＿＿ 憲法が発布された。

② この憲法では，主権は ＿＿天皇＿＿ 国民＿＿ にあるとされた。

③ 明治政府は，＿＿天皇中心＿＿ 国民中心＿＿ の国づくりを目指した。

☑️ 1890年，第１回の国会が開かれました。このとき，選挙権をもっていたのは国民全体の何％？（〇をしましょう）

A：半分　　B：90%　　C：１%

☑️ 日本は近代化したといえるのか。　　　　　いえる　　いえない

理由

授業をもっと楽しくする ＋α ネタ

! 激論！伊藤博文 VS 板垣退助＆大隈重信

　伊藤博文は初代内閣総理大臣です。その伊藤が，大隈らの主張する「国会開設」には「時期尚早！」と言っていたことはご存知でしょうか。それは，そもそも，国会を開いて「議院内閣制」に基づいた安定した政党政治を行えていたのはイギリスくらいで，フランスもイタリアも機能していないという世界の事情があったからです。しかし，結局，伊藤は国会開設を認めることになりました。ただし，すぐにではなく，開設準備のためには約10年もの時間をかけたのです。

! 初めての国会！なぜ「窮民救済法」は否決された？

　念願の国会が開設されました。同じ年に憲法も発布されたため，法律は憲法の範囲でしかつくることができません。そんな中，内閣から「窮民救済法」という法律案が国会に提出されます。その名前の通り，「貧しい人を助けるための法律」。とてもよさそうな法律に見えます。また，「法律をつくるための会議」である国会の第1回にふさわしい法律のように感じます。しかし，残念ながら衆議院で否決されてしまいます。その理由は，

　　①貧しいのは自分が悪い。

　　②別に新しい法律をつくる必要はない。

　　③そもそも，貧しいといえば日本国民みんな貧しい。

だったからだそうです。でも，国会は国民の代表が集まった場のはずなのになんでこんなことが起こるのでしょうか。それはやはり，選挙権がわずか1％ちょっとの裕福な国民にしか与えられなかったことからもいえるでしょ

う（もちろん，貧しいのは自己責任という考えが国民にあったともいえますが）。

　かといって，当時の国民全員に選挙権を与えることは，世界各国を見ても考えられないことでした。

なぜ官営工場1号は富岡に造られたか？

　殖産興業の代名詞，「富岡製糸場」ですが，どうして群馬県の富岡に造られたのでしょうか。実は「富岡だからこそよかった」のです。

　子供たちは5年生までの学習で，「工業製品は輸送と深いつながりがある」ことを学習しています。しかし，当時の富岡はお世辞にも輸送にも便利な場所とはいえないようです。ではなぜ富岡？これは，実は「原料の産地との距離」に秘密があります。

　富岡は江戸時代から生糸生産が盛んでした。また，工場を動かすための燃料は石炭。これも富岡の近くの高崎などでとれたこともあるでしょう。当時は「原料立地」が原則だったのです。

参考文献
○有田和正『授業づくりの教科書　社会科授業の教科書5・6年』さくら社
○松沢裕作『生きづらい明治社会』岩波書店
○西沢教夫『ザ・歴史トリビア―明治・大正・昭和のへぇ～100連発』廣済堂出版

近現代

16 日清・日露戦争と人々の生活

いよいよ日本は国際的な戦争を行います。日清・日露の2つの戦争を経て，日本はどのように「弱肉強食の時代」を生き残ったのでしょう。

ここで使える！ネタ一覧

大ネタ：（大発問）条約改正ができたのはなぜ？

中ネタ：2つの戦争に勝てたのは誰のおかげか？

小ネタ：①ノルマントン号事件。今に直すと？

②世界最強のバルチック艦隊はどこから来た？

③「世界の提督ビール」のラベルに選ばれた東郷平八郎とは？

💡 陸奥宗光と小村寿太郎の活躍

2人は不平等条約改正の立役者です。陸奥は元々，坂本龍馬とともに海援隊で活動しており，龍馬に「刀を2本差さなくても生きていけるのは俺と陸奥だけだ」と言わせるほど優秀でした。小村は日露戦争の後の「ポーツマス条約」の交渉で「領土はやらん」と言っていたロシアから樺太を割譲させるという大活躍をしています（詳しい功績はp.140を参照ください）。

💡 2つの戦争に勝てたのは誰のおかげか？

日清戦争（1894-1895年），日露戦争（1904-1905年）の日本の勝利は，世界から見ても驚きでした。特に，日露戦争の勝利は，近代以降で初めて有色人種が白人国家を破ったということで衝撃を与えました。しかし，日露戦

勝利までの道のりは簡単ではありませんでした。明治初期からの、政府の「富国強兵」などの政策。「世界三大提督」に数えられる東郷平八郎の活躍。外務大臣の陸奥宗光、小村寿太郎の活躍。日英同盟によるイギリスの協力。国民の努力。様々な要因が絡み合い、奇跡が生まれたのです。この中で「勝利の立役者ランキング」をつけるとすれば、何が1位になるでしょう。

世界最強のバルチック艦隊はどこから来た？

　日本海海戦は東郷平八郎率いる日本の艦隊が、ほぼ無傷で当時世界最強の艦隊といわれたロシアのバルチック艦隊を破った戦いとして有名です。「日本海海戦」という名前からついついバルチック艦隊は日本の近くから来たと思いがちですが、これは間違い。実は、バルト海に面したラトビアから出発します。このとき日本は当時世界最強国家イギリスと同盟を結んでいます。イギリスは、ロシアに力をつけられると困ります。バルチック艦隊はイギリス産の石炭を手に入れられなかったり、イギリス領という理由でケープタウンなどの設備の整った港を避けたりすることになりました。当然、日本に着く頃にはへとへとになっていたのではないでしょうか。

「世界の提督ビール」のラベルに選ばれた東郷平八郎とは？

　かつてフィンランドで「世界の提督ビール」というものが発売され、その中に日本人は2人選ばれました。その一人が東郷平八郎。もう一人は山本五十六です。東郷はビールだけでなく、神社になったり、「トーゴーカワゲラ」という虫の名前にもなったりしています。世界に名の知られた東郷平八郎。日露戦争がいかに世界に衝撃を与えたかが分かります。

単元プランの実際

第1時	○条約改正ができたのはなぜか？ ○ノルマントン号事件の船長を裁くと？
第2時	○条約改正ができたのはなぜか？ ○2つの戦争に勝てたのは誰のおかげか？
第3時	○条約改正ができたのはなぜか？

授業展開と発問例

🕐第1時

　まずは，ノルマントン号事件のあらましを説明します。このとき，教科書などの解説は使わずにクイズとして船長の罪の重さを考えさせます。

クイズ：「ノルマントン号の船長に課された罪はどんなものでしょう」

　参考までに子供たちに身近な罪で重さを置き換えさせてみましょう。

○暴力（暴行罪）　○万引き（窃盗罪）　○殺人罪　　○放火罪

　正解は，初めは無罪。そして，抗議を受けて禁固3か月に変更。それでも，紹介したどの罪よりも軽いことが分かります。そして，

発問　「どうしてこんなことになったのか」

と問います。このとき，「実はすでに学習したことが原因です」とつけ加え，「治外法権」を思い出させるようにしましょう。

　治外法権は，1894年に撤廃されますが，関税自主権は1911年までかかりました。ここで，

発問　「1911年に関税自主権を取り戻し，不平等条約が撤廃されました。これはなぜだと思いますか」

と問います。ここでは，時間をかけずにあてずっぽうでも構いません。その後，教科書や資料集で語句の確認をします。ここでは，2つの戦争に関することまで確認できるといいですね。そして，条約改正の立役者といえる2人の外務大臣陸奥宗光と小村寿太郎の功績を紹介し，

発問　「陸奥宗光と小村寿太郎，どちらが優秀か」

と問い，理由を言わせましょう。立場はどちらでもよく，その代わりに，陸

奥なら治外法権撤廃交渉，日清戦争後の交渉，小村なら日英同盟の交渉，日露戦争後の交渉，関税自主権の交渉が出てくればいいですね。

⏰第2時

　ここでは，クイズから。東郷平八郎の写真を見せて，「この人はとても有名な人です」と紹介します。そして，フィンランドのビール，神社，カワゲラ，肉じゃがの写真などを見せて，

クイズ：「この人は何をしてこんなに有名になったのでしょう」
A：日本初のアイドルとして人気になった
B：総理大臣として素晴らしい政治を行った
C：軍人として戦争でものすごい活躍をした

　答えはC。日露戦争のときの連合艦隊責任者。当時世界最強といわれたロシアのバルチック艦隊を徹底的に打ち負かしました。そして，「日露戦争に勝てたのは誰のおかげか」と問い，答えさせましょう。その後，「バルチック艦隊はどこから来たでしょう」と，世界地図に出発したところを指させます。先の解説で紹介した通り，バルト海からアフリカの南周りで来ます。ここで，スエズ運河を使えなかったことや，その他のイギリスとの小競り合い，妨害などがあったことを紹介し，もう一度「日露戦争に勝てたのは誰のおかげか」と問いましょう。そして，最後に，

発問「条約改正ができたのは誰のおかげか？ランキングをつけよう！」
と「陸奥宗光」「小村寿太郎」「東郷平八郎」「イギリス」「その他」から考えさせ，簡単に1位だけ挙手させて確認し，理由を聞きましょう。

⏰第3時

　最後の1時間で，前時に考えさせたランキングの検討を行います。ここでは，「絶対に1位でないのは？」と，少しずつ候補を減らしていき，最後にもう一度ランキングをつけさせ，理由を書かせましょう。

日清・日露戦争について調べよう！

組　名前（　　　　　　　　　　）

☑ ノルマントン号の船長に課された罪に刑を与えるとしたら？

ちなみに，現在の罪を参考にして考えよう。

○万引き（窃盗罪）→10年以下の懲役または50万円以下の罰金（刑法235条）

○暴力（暴行罪）怪我なし。唾を吐きかけるなども含む→2年以下の懲役または30万円以下の罰金。（刑法208条）

○殺人罪→死刑または無期若しくは5年以上の懲役（刑法199条）

○放火罪→死刑または無期若しくは5年以上の懲役（刑法108条）

☑ 判決！ノルマントン号事件の船長の罪は，

だ！

☑ どうしてこんなことになったのでしょう？

それは日本が，　　　　　　　　　　　　　　　　　　　　　　から。

☑ この25年後，ようやく不平等条約が見直されます！なんで見直させることができたのか予想してみよう！

☑ 教科書や資料集を見て答えましょう。

①1894年，朝鮮の混乱の際に日本と清（中国）が対立して起こった戦争を＿＿＿＿＿という。

②この戦争で日本は勝利し，　朝鮮半島　　遼東半島　とばい償金を得た。こうして，日本は大陸に力を伸ばしていった。

③しかし，ロシアもねらっていた場所に日本が力を伸ばしたため，日本とロシアは対立するようになり，1904年に＿＿＿＿＿＿が起こった。

④日露戦争に勝利し，日本は領土を　広げられなかった　　広げた　。

☑ 陸奥宗光と小村寿太郎，優秀なのは？　　陸奥　　小村　だ！　それは，

☑ 歴史クイズ！東郷平八郎は何をしてこんなに有名になったでしょう？
　　A：日本初のアイドルとして人気になった
　　B：総理大臣として素晴らしい政治を行った
　　C：軍人として戦争でものすごい活躍をした

☑ 日本は誰のおかげで日露戦争に勝てたと思いますか？

☆ところで，ロシアのバルチック艦隊はどこからきた？世界地図を指さそう！

「日清・日露戦争に勝ち，条約改正ができたのは誰のおかげか？ランキングをつけよう！」
　　A：陸奥宗光　　　B：小村寿太郎　　　C：東郷平八郎
　　D：イギリス　　　E：その他

1位	2位	3位

理由

友だちの意見を聞いて

1位	2位	3位

授業をもっと楽しくする +α ネタ

！ 陸奥宗光と小村寿太郎の功績

　この２人は明治の２つの戦争のときの外務大臣であり，不平等条約撤廃のときの外務大臣でもあります。陸奥は，幕末には坂本龍馬とともに海援隊で活躍し，その力を認められていました。他にも，廃藩置県，地租改正の提唱など，明治政府の改革に大きく影響を与えます。そして，不平等条約撤廃のためにまずはメキシコと対等な条約を結びます。その後はイギリスとも粘り強く交渉し，治外法権の撤廃に成功します。他にも日清戦争の後，伊藤博文とともに講和会議の交渉に臨むなど，「日本の外交の祖」とも呼ばれます。その手腕から，「カミソリ大臣」と呼ばれました。

　小村寿太郎は，東京大学，ハーバード大学卒業後，しばらくして陸奥宗光に認められてその力を見せ始めます。外務大臣だった1902年に当時世界最強の国，イギリスとの同盟を結ぶことに成功します。また，日露戦争の後には，「土地は絶対にやらん！」とロシア皇帝が言っていたにもかかわらず交渉を重ね，南樺太を手に入れます。このように大変能力の高い人でしたが，親の借金のためその暮らしは質素なもので，家には家財道具は一切なく，座布団が２枚だけだったそうです。

！ 日露戦争とイギリス

　1902年に結ばれた日英同盟では，イギリスで建造された戦艦などの修理部品，弾薬，石炭の供給。そして，イギリスが世界中に張り巡らせた海底ケーブルを利用した軍事情報の提供も約束されていました。また，日本海海戦に勝利したのは東郷平八郎の力によるものは確かに大きいのですが，イギリス

の力がここでもあったことは知っておきたいところです。バルチック艦隊は，日本海まで来る途中に，実は日本の船と間違ってイギリスの漁船を攻撃してしまうのです。もちろん，それにはイギリス国民は大激怒。イギリスは，当時船の燃料だった石炭をロシアに提供するのをやめてしまいます。このように，日露戦争にはイギリスの力も大きく関わっているのです。

あの絵はノルマントン号ではない!?
―「ノルマントン号事件」風刺画の真相―

　船長が片手にコイン，片手でどこかを指さしている有名な風刺画。実はタイトルは「メンザレ号の救助」と書かれています。メンザレ号の事故は，ノルマントン号の1年後にありました。このフランス人であるビゴーは，フランスの船メンザレ号の救助の場面の助けを求めている人たちを，日本人に変えて描いたのです。また，この風刺画は決して日本の悲劇をうたって描かれたものではありません。ビゴー自身は治外法権撤廃に反対の立場でした。ですから，ビゴーが風刺画でノルマントン号事件を描いたのは「そんな対応をするから日本で条約改正だという声が高まるんだ！」という意味での，イギリス側の対応への不満の表れだったのです。

近現代

参考文献・資料
○飯塚一幸『日清・日露戦争と帝国日本』吉川弘文館
○佐々木雄一『陸奥宗光 「日本外交の祖」の生涯』(中公新書) 中央公論新社
○中西輝政『日本人として知っておきたい近代史 (明治篇)』(PHP新書) PHP研究所
○別宮暖朗『『坂の上の雲』では分からない 日本海海戦』並木書房
○『週刊マンガ日本史43 小村寿太郎―条約改正への道のり』朝日新聞出版
○小俣盛男編『中学社会科 歴史の話教材』明治図書
○浮世博史『日本人の8割が知らなかったほんとうの日本史』アチーブメント出版
○ http://www.tos-land.net/teaching_plan/contents/1260 (最終閲覧2019.2.9)

17 日本が戦争を選んだ理由を探れ！

ここで使える！ネタ一覧

大ネタ：日本が戦争を選んだのはなぜか？内政？外交？国際情勢？

小ネタ：①田中上奏文から国際情勢を考える。

②「辛味入り汁かけ飯」「青い目の人形」から内政を考える。

③サザエさんの行列から外交を考える。

日本が戦争を選んだのはなぜか？内政？外交？国際情勢？

　アジア・太平洋戦争とも，15年戦争ともいわれる第二次世界大戦。当時の人々が戦争という道を選んだのはなぜなのでしょう。現在の自分たちが必要以上に「日本が悪い」という思いを抱く授業から脱却し，冷静に当時を見る授業をすることが子供たちにとって必要です。「江戸の平和」が達成されたのは「内政」と「外交」のバランスによってでした。しかし，ここに子供たちに分かりやすいように「国際情勢」という視点を加えます。つまり，「いくら平和を願っても日本一つではどうしようもない」と考えられるようにするための視点です。

日本は世界征服をねらっている！田中上奏文とは？

　「日本が世界征服をねらっている！」このような考え方が中国を中心に世界中に広まったのは，総理大臣田中義一が1927年に発表したといわれる「田中上奏文」によるといわれています。1929年に中国でこれが発表されました。1929年といえば，満州事変の直前。あたかも「もっとも」に感じますが，こ

れは明らかな偽物と判明しています。それでも世界はこれを信じ，アメリカが日本を敵とみなす大きな役割を果たしてしまったのです。

⑨「辛味入り汁かけ飯」とは何？

「辛味入り汁かけ飯」が何を表すかおわかりでしょうか。これは「カレーライス」を表します。このように，太平洋戦争時の日本では，英語を「敵性語」として使わないようにする風潮が高まります。しかし，本当に相手の言葉を使わないほうが戦争には有利になるのでしょうか。決してそんなことはありません。むしろ，相手の情報を知るためには相手の言葉を詳しく理解できるほうがいいに決まっているのです。実際にアメリカでは，日露戦争後には日本を「仮想敵国」とみなして日本語を学ばせることに力を入れます。この点からも，日本はアメリカに後れを取ったと言わざるを得ません。

⑨ 日米友好の証，「青い目の人形」の運命は？

「青い目の人形」は，1927年にアメリカの子供たちから日本の子供たちに送られた友好の証の人形です。各地の学校などに届けられました。しかし，日米関係が怪しくなると人形は処分されてしまいます。「敵国のスパイ」とみなされたのです。温かいエピソードからの「処分」という展開に，「何でそんなことになったの？」と子供たちも驚くでしょう。

⑨ サザエさんの前の行列，何の行列？

マンガ『サザエさん1』（p.10）の中に，サザエさんが長蛇の列の受付をしている場面が出てきます。この列は何なのでしょう。実は，「満州引揚者」の列。ここから，「満州とはどこ？」という触れ方もできますし，「サザエさんのお話に出るほど身近な話だったんだ」と気づかせることもできます。

単元プランの実際

第1時	○平和破れる。日本の内政はどこがよくてどこが悪いか。 ○日米開戦！勝てる可能性は○％？山本五十六の予想！ ○青い目の人形，噴出水から内政を考える。
第2時	○平和破れる。日本の外交はどこがよくてどこが悪いか。 ○サザエさんの前の列は何か？ ○国連脱退！帰ってきた外務大臣に国民は？
第3時	○日本が戦争を選んだのはなぜか？内政？外交？国際情勢？ ○平和破れる。当時の世界情勢は？

授業展開と発問例

⏱第1時

　アメリカや中国との戦争の単元。ここでもクイズです。

[クイズ] 第1問：「青い目の人形」の写真を見せ，「この人形は友好の印として1927年ある国から送られました。どこの国から送られたか」

　答えはアメリカ。歌まで作られ，日米の友好モードが全国に広まります。

[クイズ] 第2問：「それから約15年後，青い目の人形はどうなった」

①大事にされた　　②「スパイ」と言われ，処分された　　③忘れられた

　答えは②。理由はアメリカとの戦争。このような「排斥運動」は他のところでも現れます。例えば「敵性語」についてです。

[クイズ] 第3問：「戦争中，英語は『敵性語』と呼ばれました。ですから，英語の表記のものは日本語に直されて使われるようになります。例えば，『辛味入り汁かけ飯』はある食べ物を表します。何？」

　答えはカレーライス。この時代，政府やメディアからの国内統制の機運が高まります。ここで，内政に関する言葉を教科書や資料集で確認し，

[発問]「戦争が起こった原因を探れ！日本の内政，何がよくて何が悪かった」

と問い，戦争がどのように社会に影響を与えたかを確認します。

　ここでもクイズから。第1問：「サザエさんの前の列。一体誰」
①海外に住んでいた人　　②兵士　　③買い物の行列に並ぶ人

　答えは①。満州からの引揚者。ここは，日本が大陸に勢力を拡大し，戦争に向かっていく流れを押さえる時間にします。

　ここで，中国との戦争，アメリカとの開戦までの外交についての語句を教科書や資料集で確認します。その後，「国際連盟脱退」の事実に触れ，

クイズ 第2問：「帰国した松岡外相を囲んだ数万の人々はなぜ集まったか」
①よくやった！と喜びを伝えるため　②怒りを伝えるため　③祭りと勘違い

　答えは①。多くの人たちが「脱退歓迎ムード」だったことは見逃せません。

クイズ 第3問：「アメリカの開戦時の海軍の責任者の一人山本五十六。アメリカとの戦争の勝利の可能性を聞かれて何と答えた」
①99％！確実に勝てる　②50％　もしかしたら負けるかも
③半年は何とか勝てるかもしれないけれど，その後は無理。負ける

　答えは③。初めから負けると分かっていた戦争でした。1940年頃のニューヨークの写真と東京の写真を見せて比べると実感できます。

発問 「戦争が起こった原因を探れ！日本の外交，何がよくて何が悪かった」
と尋ねます。

近現代

🕐第3時

クイズ 「1929年，日本に関するあるうわさが世界で流れます。それは何」
①日本は世界征服を狙っている！　②日本は景気が悪く，潰れるらしい！
③日本は世界平和のために軍隊を解散するらしい！

　答えは①。「田中上奏文」が国際世論の「日本嫌い」を決定的にしたこと，一国家ではどうしようもない国際情勢があったことに触れます。そして，

発問 「日本が戦争を選んだのは内政，外交，国際情勢のどれが重要ゆえか」
と問い，「平和」が微妙なバランスによってもたらされており，「平和は望むだけでは達成できない」と実感させるのです。

平和が破れた原因とは？ ―内政，外交，世界の様子から―

組　　名前（　　　　　　　　　　　　）

✅ 歴史クイズ！

第１問：「青い目の人形」の写真を見てください。

〇この人形は友好の印として，1927年ある国から送られてきました。

　　さて，どこの国から送られてきたものでしょう？

　　　　　　　　　　　　　　　　　　　　　　　　　　　　　

第２問：それから約15年後，青い目の人形はどうなった？

　　①大事にされた　　　②「スパイ」といわれ，処分された　　　③忘れられた

第３問：戦争中，英語は「敵性語」もしくは「敵国語」と呼ばれました。

　　ですから，英語の表記のものは日本語に直されて使われるようになります。

　　例えば，「辛味入り汁かけ飯」はある食べ物を表します。何？

　　　　　　　　　　　　　　　　　　　　　　　　　　　　　

✅ 教科書や資料集を見て答えましょう。

①戦争が続くと，国の予算のほとんどが　軍事費　　医りょう費　に使われた。

②産業も，戦争のものが優先されたので，生活に必要なものが

　　　不足して　　あまって　いた。

③国民全体が戦争に　反対する　　協力する　体制がつくられた。

④報道や出版などの内容を，国が　制限した　　自由にさせた　。

⑤戦争が長引くと，学生たちも　農家　　軍事工場　で働くようになった。

✅ 戦争が起こった原因を探れ！日本の内政，何がよくて何が悪かった？

よかったこと

悪かったこと

☑️歴史クイズ！

第1問：サザエさんの前の列。一体誰？（〇をしましょう）

　①海外に住んでいた人　　②兵士　　③買い物の行列に並ぶ人

☑️教科書や資料集を見て答えましょう。

①1910年，日本は　韓国　　台湾　を併合した。

②1931年，南満州鉄道を日本が爆破し，中国のせいであるとし，中国に攻撃
　を始めた。これを，　中国事変　　満州事変　という。

③満州（中国の東北部）を占領した日本は，　満州国　　モンゴル国　を建
　てて政治の実権を自分たちがにぎった。

④1932年，満州国の取り消しなどを求められた日本は，　　　　　　　　を脱退した。

⑤1937年7月，北京近くで日本軍と中国軍が衝突し，戦争が始まった。
　これを，　日清戦争　　日中戦争　という。

⑥1939年，ドイツがポーランドに攻め込んで　第一次　　第二次　世界大戦
　が始まった。日本とアメリカの戦争も第二次世界大戦に含まれる。

⑦資源を求めて東南アジアに進出した日本。この日本の動きに危機感を覚え
　た　アメリカ　　ソ連　と1941年12月，開戦した。

⑧日本は，　　　　　　　，　　　　　　　と同盟を結んだ。

⑨最初は　勝っていた　　負けていた　日本は，次第に負けるようになり，
　占領した東南アジアの地域もアメリカに取られていった。

第2問：国際連盟を脱退し，帰国した松岡外相を取り囲んだ数万の人々は何
　のために集まった？

　①よくやった！と喜びを伝えるため　②怒りを伝えるため　③祭りと勘違い

☑️戦争が起こった原因を探れ！日本の外交，何がよくて何が悪かった？

よかったこと

悪かったこと

✅歴史クイズ！（少し時間は戻ります。○をしましょう）

第１問：1929年，日本に関するあるうわさが世界で流れます。それは何？

　　①日本は世界征服をねらっている！　②日本は景気が悪く，潰れるらしい！

　　③日本は世界平和のために軍隊を解散するらしい！

第２問：1930年代，日本が進出した東南アジアはどんな状態？

　　①１国を除いてアメリカやヨーロッパのもの

　　②それぞれの国が，それぞれの文化を育てていた

　　③白人に対して，日本人を含めた黄色人種は差別されていた

第３問：アメリカの開戦時の海軍の責任者の一人山本五十六。アメリカとの
戦争の勝利の可能性を聞かれて何と答えた？

　　①99％！確実に勝てる　　②50％。もしかしたら負けるかも

　　③半年は何とか勝てるかもしれないけれど，その後は無理。負ける

✅教科書や資料集を見て答えましょう。

①アメリカ軍の空襲によって，全国で　２万　20万　人もの人が亡くなった。

②都市の小学生は，空襲をさけるために遠くに　旅行　　疎開　した。

③1945年，アメリカ軍は　沖縄　　九州　に上陸し，12万人もの人々が亡く
　なった。これは沖縄全体の５人に１人である。

④1945年８月６日には＿＿＿＿＿に，９日には＿＿＿＿＿＿に原子爆弾が落と
　された。そして，15日に天皇の言葉で国民に降伏が伝えられた。

⑤戦争において，兵士以外に危害を加えることは禁止されて
　　いた　　いない　。

✅日本が戦争を選んだのはなぜ？内政，外交，世界の様子のどれが一番影
　響？

　　　　　　　　　　　　　内政　　外交　　世界の様子

理由

授業をもっと楽しくする +α ネタ

! 全員無罪！パル判事の決断

　戦争が終わると，いわゆる「東京裁判」によって日本の戦争犯罪が裁かれていきました。戦争犯罪は，その罪の類別でA級，B級，C級と分けられました。誤解している方が多いのですが，決して「罪の重い人がA級」というわけではありません。また，裁かれたのは日本のみで，アメリカの原爆投下や都市空襲などの罪は一切裁かれていないのです。このように，「東京裁判」についてはあまり知られていないことが多くあります。

　東京裁判において，11人の判事の中で唯一国際法に通じていたのはインドのパル判事でした。また，そのパル判事は唯一「被告人全員無罪」としました。パル判事は日本びいきだったのでしょうか。いえ，違います。それは，「勝者が敗者を裁くため法律を後でつくり，過去に遡って適用する」という，東京裁判のあり方への批判，そして，「西洋の国がアジアにしたことを棚上げしているから」だといいます。

　我々教師が「日本が悪い」ということを教えることは簡単です。しかし，「ベトナムのフランスパンはおいしいといわれる理由」や，「フィリピンやインドで英語が使われる理由」を一度立ち止まって考えなくてはなりません。その時代の国際情勢を相対的に見て，当時起こったことを判断する目を，教師はもたなくてはなりません。

参考文献
○阿川弘之『食味風々録』新潮社
○川澄哲夫『資料日本英学史2　英語教育論争史』大修館書店
○吉本貞昭『教科書が絶対に教えない東京裁判』ハート出版

近現代

18 特別単元
原爆投下に賛成か!?
―トルーマン発言を考える―

　「『原爆投下』に賛成ですか」という問いをされると，当然のように，「何を言っているの？反対に決まっている」という答えが返ってきます。しかし，諸外国ではそうとは言い切れません。この時代の学習は，とにかく「戦争反対」「平和大事」となってしまいがちです。「原爆投下」という事象を通してあの戦争を捉え，思考停止に陥りがちな「平和」についての考えを6年生なりに捉えなおすきっかけの授業となるようにしましょう。

ここで使える！ネタ一覧

大ネタ：トルーマン大統領発言に賛成？反対？
中ネタ：ロールプレイ！立場で考える原爆投下
小ネタ：原爆投下第一目標だった京都

💡 トルーマン大統領発言に賛成？反対？

　トルーマンは，終戦時の米大統領であり，原爆投下の責任者でした。そのトルーマンは戦後，「投下は正しかった」という立場で，「原爆投下によって何百万人もの命が救われた」という発言をしています。みなさんはこれにどのような反論をしますか。単に「原爆＝残酷＝かわいそう」としか考えなかった子供たちも，この発言を聞くと「それなら仕方ないかも？」とゆさぶられます。また，「反対」のままの立場の子たちも，賛成派への反論に苦しむことになります。世界の意見に子供たちが放り出された瞬間です。

　ちなみに実際，今でも原爆投下に賛成している人は，アメリカでは50％以上もいるそうです（「1回目は仕方がないが2回目の長崎は必要なかった」

という意見も含めればもっと多いかもしれません）。また，私は「反対と教えなければならない」というのも教師の1つの立場にすぎないことを知っておく必要があると考えます。さまざまな意見を知る中で，「自分はどの立場をとるか」ということを，妥当な理由とともに考えられるような力をつけることが大切です。

ロールプレイ！立場で考える原爆投下

　原爆投下について，どんな意見があるのか。限られた時間で小学生に一から調べさせるのは難しいです。そこで，かつて神戸YMCA予備校で行われた「原爆ロールプレイ」の講座を参考に，①アメリカ退役軍人　②日本の被爆者　③被爆2世　④韓国・朝鮮の人など，国内外の主な原爆投下に関する意見を子供たちに提示するとよいでしょう（意見内容は pp.156-157参照）。その発言内容が妥当かはともかく，世間で主張される意見の大体が紹介されています。ロールプレイが難しければ，小手毬るい著『ある晴れた夏の朝』（偕成社）を読んで，「誰の立場に近いか？」を考えさせるとよいでしょう。これは，アメリカの8人の高校生が原爆投下に関してディベートをするという話です。

原爆投下第一目標は京都だった

　長い間，「京都は文化財が多いから空襲を受けなかった」という説が固く信じられていました。しかし，現在では，京都が空襲を受けなかったことは結果論でしかないことが分かっています。それどころか，ほとんど最後まで京都は原爆投下の第一目標とされていました。ぎりぎりのところで「京都を破壊することは戦後の占領政策に悪い影響を与える」という人が現れました。アメリカ軍内でも反対意見があったものの，結局京都は対象から外れたという経緯があります。

単元プランの実際

第1時	○原爆投下に賛成か？ ○アメリカスミソニアン博物館の原爆展示 ○トルーマン発言を読む。 ○原爆討論ロールプレイをしよう！
第2時	○原爆投下に賛成か？ ○チャーチル発言を読む。 ○原爆投下の是非！討論をしよう！

授業展開と発問例

⏱第1時

　まずは子供たちに,「広島, 長崎への原爆投下に賛成？反対？」と尋ねます。ここでは,「反対に決まってるでしょ」と返ってくるくらいでちょうどいいです。そして, いつものように「歴史クイズ」を出します。

[クイズ] 第1問:「1995年にアメリカの『スミソニアン博物館』（アメリカで有名な博物館）で原爆投下の展示がされることになりました。しかし, 展示される内容が変更になりました。どう変わったか」

①「これだけでは物足りない！」という意見が出て詳しい資料も展示された

②「こんなものは必要ない」と, 簡単な紹介だけになった

③「実際に被害にあった人の話も聞きたい」となり, 被爆者が呼ばれた

　答えは②。「何でそうなったと思う」と聞いて, 次につなげます。

[クイズ] 第2問:「原爆投下の命令を出した当時のトルーマン大統領が, 戦争後に原爆について話したことがありました。さて, 何といったでしょう」

①私は原爆で被害を受けた人たちに謝らなければならない

②原爆投下してよかった　　③原爆のことは話したくない

　答えは②。「あのまま戦争を続けて何百万人のアメリカの若い兵士たちが犠牲になるよりはよかった」という旨の発言をしています。これをトルーマンの顔写真とともに紹介します。そしてもう一度,

[発問]「原爆投下に賛成？反対？」

と聞き，理由も書かせます。賛成がずいぶん多くなるでしょう。

　その後，資料編にある「世界の主な立場」が書かれたロールプレイの役割カードに触れさせます。ロールプレイが難しければ，「誰の意見が一番自分に近い？」と選ばせるのもよいでしょう。そしてもう一度，

[発問] 「原爆投下に賛成？反対？」

と尋ねます。ロールプレイ用に提示したものをもとに理由づけもさせます。

⏱第2時

　前時の自分の立場と理由を思い出させた後，クイズから。

[クイズ] 第1問：「アメリカとともに日本と戦争したイギリス。第二次世界大戦終戦のときの首相はチャーチルという人です。この人が戦争後に原爆について話したことがありました。さて，何といったでしょう」

①原爆で被害を受けた人たちに深くお祈りを捧げる

②原爆投下してよかった　　③原爆は日本とアメリカの問題だから関係ない

　　答えは②。チャーチルは，「戦争を続けて100万のイギリスやアメリカの兵士が死ぬよりは原爆が落とされてよかった」という旨の発言をします。ここで，前時のトルーマンとチャーチルの，犠牲者の予測人数が違うことにも気づかせたいところです。他にも，後にアメリカの国務長官となるマーシャルは，予想される犠牲者を31,000人とも述べていることを紹介します。

[発問] 「トルーマンとチャーチルの主張する人数が違うのはなぜ？」

　これは，根拠に乏しかったことや大げさに言ったことなどが挙げられます。トルーマン自身も25万人と言ったり100万人と言ったり原爆投下賛成の根拠がきわめて曖昧であったり，不確かな根拠に基づく単なる感情論でしかなかったりする場合もあることに気づかせたいところです。そしてもう一度，

[発問] 「原爆投下に賛成？反対？」

と尋ね，立場，理由を書かせて討論をします。そして，討論後にもう一度「原爆投下に賛成？反対？」と，立場を決めさせます。「表面的でない意見」に少しでも近づき，学習後も考えていく素地ができればよいと思います。

近現代

トルーマンに賛成か？―原爆投下を考える―

組　　名前（　　　　　　　　　　）

✅歴史クイズ！

第1問：1995年にアメリカの「スミソニアン博物館」（アメリカトップクラスの大きさの博物館）で原爆投下についての展示がされることになりました。しかし，展示される内容が途中で変こうに。どのように変わった？

① 「これだけでは物足りない！」という意見が出て詳しい資料も展示された

② 「こんなものは必要ない」と，かん単な紹介だけになった

③ 「実際に被害にあった人の話も聞きたい」となり，被爆者が呼ばれた

第2問：原爆投下の命令を出したのは，当時のトルーマン大統領。この人が戦争後に原爆について話したことがありました。さて，何といったでしょう。

①私は原爆で被害を受けた人たちに謝らなければならない

②原爆投下してよかった　　③原爆のことは話したくない

✅「原爆投下に賛成？反対？」　　　　　　　　　　　賛成　　反対

理由

✅原爆投下に対する，いろんな意見に触れてみよう！

○自分が一番心に残ったのは，　　　　　　　　　　さんの話です。

✅「原爆投下に賛成？反対？」　　　　　　　　　　　賛成　　反対

理由

✅歴史クイズ！

第１問：アメリカとともに日本と戦争したイギリス。第二次世界大戦終戦の
　　ときの首相はチャーチルという人です。この人が戦争後に原爆について話
　　したことがありました。さて，何といったでしょう。
　　①原爆で被害を受けた人たちに深くお祈りを捧げる
　　②原爆投下してよかった　③原爆は日本とアメリカの問題だから関係ない

第２問：第二次世界大戦後，アメリカナンバー３になったマーシャルという
　　人。この人がいった「原爆投下しなかった場合，予想される犠牲者数」は？
　　①約1000万人　　②約３万人　　③約１億人

✅「トルーマンとチャーチルの主張する人数が違うのはなぜ？」

理由

✅「原爆投下に賛成？反対？」　　　　　　　　賛成　　反対

理由

✅話し合ってもう一度最後に，「原爆投下に賛成？反対？」
　　　　　　　　　　　　　　　　　　　　　　賛成　　反対

理由

アメリカの元軍人　ウイリアム・クリストファーソンさん

　11年前に長崎の原爆資料館に行ったのですが，アメリカが悪いといっているようですごく腹が立ちました。何で日本に落とされたのかという理由には全然触れていないからです。

　日本がアジアの人たちにした，残酷なことを無視してよくいえたもんですね。

　だいたい，戦争を始めたのは日本で，アメリカではないのですよ。真珠湾攻撃さえなかったらアメリカは原爆をつくることはなかったんです。日本は真珠湾攻撃のことを謝らないんだから話になりません。

アメリカ人　クロード・キンザリーさん

　私は戦争が起こっていた当時は，「原子爆弾を落として当然だ」と思っていましたが，自分自身が重い病気になって初めて気がついたんです。アメリカがしたことはなんて恐ろしいことなんだろうと。

　アメリカ人はもっと原爆のことを知らなくてはいけないと思います。広島や長崎の街を。そのときはなんとか生き残った人でも，後で恐ろしい病気になり，その病気と闘いながら生きていかなければならない人のことを。今のアメリカ人は知らないことが多すぎるんです。

日本人　吉川京子さん　被爆二世

　私の父は，原爆が落ちた翌日に広島市内の家族が大丈夫かどうか確かめるため出かけ，放射能で被爆しました。

　私は明るくて活発なほうで，高校では生徒会活動をし，文化祭では生徒会が中心となって原爆展を開きました。高校３年のことでした。私は突然倒れてしまいました。検査の結果，原爆症だということが分かりました。でも，私は絶対に治ると信じて，弱音をはかずに治療を続けました。そして，数年の入院の後，退院しました。その後，３年に一度の入退院を繰り返して今に至っています。

　私自身も，生きた証言者として人々に原爆の恐ろしさを語り伝えたいです。原爆症で苦しみ続けた父のこと，被爆二世の私のこれまでのことも聞いてもらいたいです。

　今も毎日大勢の修学旅行の子どもたちが平和公園に行きます。しかし，被爆した人々の苦しみを本当に理解して帰るのでしょうか。

韓国人　チョウ・スンヒさん

　1943年2月14日のことでした。当時私は今の韓国の釜山（プサン）に住んでいました。そこに日本兵が押し入り，14歳の娘を連れ去ろうとしました。泣いて叫んだら，娘は刀で切りつけられ，殺されてしまいました。

　さらに，夫も兵士になるために強制的に日本に連れていかれました。おそらくもう生きてはいないでしょう。

　私は原爆が落とされたのは「天罰」だと思っています。日本にだけ原爆が落とされたのは当然ですよ。生き延びたのは，日本に「天罰」が下るのを見届けるためだと思うようになりました。私には日本の自分勝手さが理解できませんね。

　原爆投下に反対する人が日本にはいるみたいですが，その前にアジアの人々にしたことを見つめなおしてほしいです。

　しかも広島，長崎の原爆で亡くなったり，ケガをした人の一割は韓国朝鮮の人で，ほとんど日本のために働いていた人なのに。

カナダ人　ステファンさん

　私は15年前に広島の原爆資料館に行きました。そこで見たものにはびっくりしました。アメリカの言い分も確かにわかりますが，原爆資料館で見たものは想像を超えていました……。

　私は原爆投下がよかったのかどうか迷っています。原爆資料館に行ってきたので，「原爆の恐ろしさ」については少しは知っているつもりです。しかし，アメリカにはアメリカの言い分があるのも分かります。日本に攻撃されて悔しかっただろうし，腹を立てたんだと思います。私はどちらの言い分も分かるんです……。

日本人（長崎出身）　久間としおさん

　広島や長崎に落とされて，多くの人が悲惨な目にあったけれど，「原爆が落とされたから戦争が終わったんだ」ということで，原爆投下には納得しています。

　幸い北海道が占領されずに済んだけれど，間違うと北海道がソ連に取られてしまっていたんです。

　確かに「戦争に勝つとほとんどわかっているときに，原爆まで使う必要があったのかどうか……？」という思いはあります。でも，そのときの世界の様子からすると，原爆の投下ということも，アメリカの選択としてはありうるということも頭に入れながら考えなければいけませんよ。だから，アメリカだけが悪いというのは変です。

　今思えば，アメリカの（原爆を落とすという）選択というのはアメリカからすればしょうがなかったのではないでしょうか。

！ 原爆投下はなぜ日本なの？

　原爆は，もともとは，イギリスやアメリカの連合国によって「対ドイツ」用の兵器として開発していたことが分かっています。アインシュタインを初め，ユダヤ系の学者たちは，「ドイツに先を越されないように」と最初は連合国側の原爆開発に協力的だったようです。しかし，その威力の恐ろしさが分かってくると反対に転じます。一方で，アメリカ政府にとっては20億ドルという，当時の日本の国家予算と同じくらいのお金や人を投じたわけですから，途中でやめるわけにはいきません。結局ドイツが降伏した後，日本に落とされることが決定されたのでした。

　一方で，「原爆は初めから日本に投下されるはずだった」という立場もあります。現在からは実感しにくいのですが，当時日本人をはじめとした有色人種は明らかに差別されていました。つまり，「同じ白人のドイツに落とすのは忍びないが，有色人種の日本ならば大丈夫だ」という理屈です。残念ながら，そういう考えが当時あったことは事実なのです。そして現在も。

！ 原爆投下は実験か？

　原爆投下のターゲットが京都であったことは先に述べました。では，なぜ京都だったのか。それは，○空襲をあえてせずにきれいに残しておいたので原爆の威力が分かりやすいこと，○盆地のため，爆弾の破壊範囲が明確で威力が分かりやすいこと，が挙げられます。つまり，原爆投下には「実験」の意味合いも大いにあったのです。他にも実験であることを裏づける事実があります。まずは，「長崎型の原爆は実験していたが，広島型の原爆は実験が

されず，ぶっつけ本番だったこと」です。「爆発するかどうか分からない」状態で使われたのですから，実験の意味合いがあったことは確実だと考えられます。

 ## 「原爆投下反対教育」だけでいいの？

これまでの平和学習は「原爆投下はひどい」「かわいそう」「二度と起こしてはいけない」など，感情一辺倒なものに終始することが多かったと感じています。しかし，それで本当に平和が達成されるのでしょうか。そのような教育を受けた子たちは，「平和学習の感想を書きましょう」と問われても「またか……」と感じ，無難な上述のような答えを書くでしょう。

原爆だけを切り取っても，本当に反対と学ばせたいならば紹介したプランのような「現実の，生の意見に反論できるようにすること」が本当の学びといえます。関西圏ならば，この学習をした後に広島に修学旅行に行くとさらにいいです。「原爆投下賛成！」という立場をとっていた子たちのほとんどは，現地で見たもの，感じた雰囲気，出会った被爆者の方などとの触れ合いを通して，多くが再び「反対」に傾きます。私の担任したクラスの場合は宿舎でクラス討論が始まり，22時を過ぎても意見が途切れず，教師が中断させて就寝させたほどでした。このような社会の問題は，小学6年生の修学旅行で終わらせるのではなく，大人になっても考えていってほしいと考えています。

参考文献・資料
○A・C・グレイリング『大空襲と原爆は本当に必要だったのか』河出書房新社
○ガー・アルペロビッツ／鈴木俊彦他訳『原爆投下決断の内幕〈下〉』ほるぷ出版
○薄井　寛『歴史教科書の日米欧比較』筑波書房
○大阪教育大学教授峯明秀氏の諸実践
○石黒　修『討論の技術』（教育技術文庫）明治図書
○神戸YMCA　終戦50年記念グローバルセミナー資料（1995年）

近現代

19 オリンピックと万博，より社会に影響を与えたのは？

　戦後の学習は，代表的な人物が扱われないためどうしても軽く扱いがちです。そこで，人物の代わりに戦後の２大国民的イベント「東京オリンピック」と，「日本万国博覧会」を通して，「戦後復興期」「高度経済成長期」の２つの時代を整理します。

ここで使える！ネタ一覧

大ネタ：オリンピックと万博，当時の人々により影響を与えたのは？

中ネタ：オリンピック聖火最終ランナーの実況をしよう！

小ネタ：①サザエさんで導入！戦後の国民生活

　　　　　②オリンピックの「初めて」とは？

　　　　　③万博の「初めて」とは？

　　　　　④どんな生活をしているかは，○○を見ればわかる？

💡 オリンピックと万博，当時の人々により影響を与えたのは？

　オリンピックが社会に様々な影響を与えたという事実は，教科書でもたくさん出てきます。新幹線の開通，テレビの普及，そして世界初の民間警備会社「セコム」の活躍などです。

　しかし，1970年にあったもう１つの国民的なイベント「日本万国博覧会（通称万博）」も忘れてはいけません。オリンピックを上回る6500万人もの来場者，大阪での高速道路の拡大，モノレールの開通，ニュータウン建設。「どちらが当時の人々により影響を与えたか」と聞けば，戦後復興期と高度経済成長期の世相も分かってきます。

オリンピック聖火最終ランナーの実況をしよう！

　河原和之先生の有名なネタです。みなさんはオリンピックの聖火最終ランナーの「坂井義則さん」をご存知でしょうか。坂井さんは，1945年8月6日，広島で生まれました。ご自身も陸上の競技者でしたが，惜しくもオリンピックの選手には選ばれなかったこともあって聖火最終ランナーになりました。そこで坂井さんが入場し，点火するまでの映像に合わせて実況を行うという活動を設定します。そのときに，「敗戦」「復興」「サンフランシスコ講和条約」「独立」「東海道新幹線開通」など，キーワードを入れてつくらせると，ここまでの学習をまとめることができます。

参考 URL：http://www.youtube.com/watch?v=0JM2Fw12MGw

導入にピッタリ！ミニネタ一覧

①これ，何のマーク？―トイレのマークと非常口―

　オリンピックのときに困ったのが，「言葉の通じない海外の人たちをどうやって案内するか」ということでした。そこで使われたのが「ピクトグラム」というマークでした。現在もトイレや非常口はマークでひと目で分かるようになっています。

②焼肉定食とオリンピック

　現在のような，「○○定食」というものが生まれたのもオリンピックによります。会場で大量の食事を提供するときに，それまでのように一品ずつでは対処がしきれず，1回の注文でさっと出せる定食が出されるようになったのです。

★次ページからの展開においては，以下の文献を参考にさせていただき，授業内で資料として扱っています。（すべて朝日新聞社）

・『サザエさん①』pp.10-11（満州引揚接待係）

・『サザエさん③』p.75（魚の配給）

・『サザエさん①』pp.22-23（闇市）

・『サザエさん①』p.88（戦災孤児の寄付）

近現代

単元プランの実際

第1時	○戦後の人々の生活をサザエさんから調べよう！
第2時	○オリンピックの聖火ランナーの実況は？ ○オリンピックの「初めて」を調べよう！
第3時	○オリンピックと万博，より当時に影響を与えたのは？ ○万博が社会を変えた？ ○万博の「初めて」を調べよう！

授業展開と発問例

⏰第1時

　戦後すぐは暗い時代だと思われがちですが，サザエさんを通して「前向きに，明るく生きていた当時の人々」に触れさせることも大切です。

[発問] サザエさんクイズ！（掲載箇所は前ページ末に示しています）

○サザエさんはなぜ呼ばれた？（配給が来たため）

○カツオたちはどこに連れて行ってくれるといわれて喜んでいる？（闇市）

○カツオは何のために募金をしているでしょう？（戦災孤児）

[発問] 「サザエさんや教科書，資料集で戦後の人々の生活をまとめよう」

といい，ワークシートに「○生活の道具（三種の神器）　○社会の変化

○独立までの流れ」などを，教科書などを使ってまとめるとよいでしょう。

⏰第2時

　オリンピックの聖火最終ランナーの入場シーンの動画を見せ，ワークシートを使って坂井さんについてのクイズをする。

[発問] 「なぜ，坂井さんは聖火最終ランナーに選ばれたか」

A：抽選でたまたま選ばれた

B：もう少しでオリンピックに出られたが，理由があって出られないアスリートだった

C：オリンピックの目的にぴったり合う人物だった

　正解はC。そして，坂井さんが生まれたのが1945年8月6日の広島であっ

たことを伝え，大会の目的の「戦後復興」「平和」にぴったり合うというこ
とを伝えると子供たちは納得します。そして，最後に，

[発問]「坂井さんが聖火を点火するまでの実況を考えましょう」

とします（冒頭と最後は教師から指定，p.165ワークシート参照）。そして，
「○三種の神器　○独立　○戦後復興　○サンフランシスコ講和条約　○日
本国憲法」など，この時代を象徴する言葉を必ず入れて1分ほどの実況をノ
ートに考えさせます。実際に記録映像などに合わせて実演させてみましょう。

⏱第3時

　オリンピックが復興の象徴なら，「大阪万博」は発展の象徴。あまり取り
上げられない万博で日本の発展を見てみましょう。

[クイズ] 第1問：「大阪万博に合わせて日本で初めてできたものや初めて使わ
れたものは？」

A：缶コーヒー　　　B：自動改札機　　　C：大阪モノレール

D：ケンタッキーフライドチキン　　　E：動く歩道　　　F：ドローン

　答えはF以外。他にも，○電卓の普及（入場者のカウント），○回転ずし，
○ピクトグラムの普及，○大阪の地下鉄，などがあります。

[クイズ] 第2問：「大阪万博について正しいものは？」

A：6000万人以上の人が来場した。

B：アメリカが月からもって帰ってきた石が展示された。

C：このとき，初めて西洋の人を見たという人が多かった。

　答えはすべて。「一般の人々が世界とつながった感覚」が一番大きいかも
しれません。

[発問]「オリンピックと万博，より社会に影響を与えたのは？」

と問い，考えてきた意見を発表させます。このとき，勝負をつけるわけでは
なく，それぞれの時代（わずか6年の違いですが）で国際的イベントがどの
ような影響を与えたのか，また，時代の周辺にどんな出来事があったのかを
整理していくきっかけとするとよいでしょう。

近現代

戦後の復興と発展—復活した日本を調べよう—

組　名前（　　　　　　　　　　　　）

☑歴史クイズ！—サザエさん編—

①サザエさんはなぜ呼ばれている？

　　A：おとなりが来た　　　B：配給が来た　　　C：親せきが来た

②カツオたちはサザエさんにどこに連れて行ってもらえると喜んでいる？

　　A：遊園地　　B：デパート　　　C：闇市（やみいち）　　　D：コンサート

③カツオは何のために募金をしている？

　　A：戦災孤児のため　　　B：ユニセフ　　　C：病気の子を救うため

☑教科書や資料集を見て答えましょう。

①冷蔵庫，テレビ，洗濯機のことを＿＿＿＿＿＿と呼んだ。

②1951年，日本は＿＿＿＿＿＿講和条約により独立する。また，同時に
　　　＿＿＿＿＿＿にも加盟（かめい）した。

③1964年に＿＿＿＿＿＿が開かれる。これは，アジアで初めて。

④オリンピックの年に，＿＿＿＿＿＿＿＿＿＿＿＿＿＿＿＿＿＿が開通した。

⑤1972年，日本は＿＿＿＿＿＿と国交を回復した。また，アメリカから
　　　＿＿＿＿＿＿が返還された。

☑サザエさんや教科書などを見て，戦後の生活や国のあゆみをまとめよう！

キーワード：闇市　配給　三種の神器　独立

☑オリンピックについてもっと知ろう！

○オリンピックについて正しいものは？

　　A：「焼肉定食」などの「定食」ものの提供がされるようになった

　　B：「非常口」などのマークが使われた

　　C：選手向けに大量の食事を準備するため，冷凍食品の技術が向上した

✅歴史クイズ！

○実は，坂井さんが選ばれたことには理由があります。何でしょう？

    A：抽選でたまたま選ばれた

    B：もう少しでオリンピックに出られたが理由があって出られないアスリートだった

    C：オリンピックの目的にぴったり合う人物だった

✅坂井さんが聖火を点火するまでの実況を考えよう！

キーワード：戦後復興　三種の神器　サンフランシスコ講和条約　独立
さあ，最終ランナーが会場に入ってきました。彼は坂井義則さん。   　　　　　　　　　　　　　　　　　今，聖火がともりました！

☆大阪万博について知ろう！

✅大阪万博に合わせて日本で初めてできたものや初めて使われたものは？

    A：缶コーヒー　　　B：自動改札機　　　C：大阪モノレール

    D：ケンタッキーフライドチキン　　　E：動く歩道　　　F：ドローン

✅大阪万博について正しいものは？

    A：6000万人以上の人が来場した

    B：月からもって帰ってきた石が展示された

    C：このとき，初めて西洋の人を見たという人が多かった

✅オリンピックと万博で，より当時の社会に影響を与えたのは？

                       オリンピック　　　万博

理由

セコムと東京オリンピック

　これは，有田先生に直接教えていただいたネタです。それまで，町の安全を守ったり，イベントの安全を守ったりするのは警察の役割でした。ところが，この東京オリンピックで初めて「民間の警備会社が安全を守る」ということが行われました。それが「セコム」なのです。現在のオリンピックでもセコムは会場の警備を担当しています。また，セコムが提供する防犯設備は，少し街を歩けばどこにでもあるほどに身近なものになっています。

万博と環境破壊

　万博の会場は，今は「万博公園」としてたくさんの人でにぎわっています。では，この場所はもともと何だったのでしょう。答えは「竹林」。万博の会場は竹林を伐採し，山を切り取って作られたのです。現在なら「環境破壊」ということで，とてもそんなことはできません。では，当時反対はなかったのでしょうか。実は，「環境破壊」という感覚は1970年当時の社会にはほとんどありませんでした。国家的なイベントにおいて「環境破壊」が問題となるのは，1974年の「沖縄海洋博」からです。現在「美ら海水族館」などがあるエリアで沖縄海洋博が開かれるとなったとき初めて，「環境」というトピックが大きなものとして取り上げられたのです。

国際的イベントは世相を反映する

　オリンピックや万博などの国際的なイベントは世相を反映したり，国際情

勢を反映したりします。1964年の東京は「アジアの解放のシンボル」となっています。1970年のメキシコシティはアパルトヘイトに対する55か国のボイコット問題，1972の年のミュンヘンは，中東問題に関してのパレスチナゲリラによるイスラエル選手の襲撃。1976年のモントリオールはアパルトヘイトに関しての抗議でアフリカ諸国がボイコット。1980年モスクワ，1984年ロサンゼルスは，東西諸国それぞれのボイコットなどなど……。また，1972年のデンバー冬季オリンピックは，環境問題への抗議から返上されました。世界の情勢抜きで語ることは不可能です。

参考文献
○朝日新聞 be 編集部・編『サザエさんをさがして』朝日新聞社
○朝日新聞 be 編集部・編『サザエさんをさがしてその2』朝日新聞社
○鶴見俊介，齋藤愼爾編『サザエさんの〈昭和〉』柏書房
○大阪大学21世紀懐徳堂編『なつかしき未来「大阪万博」』
○石黒　修『討論の技術』（教育技術文庫）明治図書
○朝日新聞社，漫画「サザエさん」シリーズ
○河原和之『続・100万人が受けたい「中学歴史」ウソ・ホント？授業』明治図書

近現代

「語句確認」の答え

1：縄文・弥生時代

第1時：①貝塚　②狩猟，採集　③竪穴住居

第2時：①クニ　②金印　③卑弥呼，邪馬台国

2：古墳時代

第1時：①渡来人　②大王，大和（ヤマト）朝廷（王権）　③15，3km

3：飛鳥時代（聖徳太子）

①摂政　②冠位十二階　③仏教の力，十七条憲法　④法隆寺

4：飛鳥時代（大化の改新・乙巳の変）

①蘇我氏　②中大兄皇子，中臣鎌足，645　③大化の改新

5：奈良時代

第1時：①仏教　②全国　③国分　④行基

第2時：①鑑真，唐招提寺　②遣唐使　③正倉院　④平城京

6：平安時代

第1時：①平安京　②藤原氏　③藤原道長　④寝殿造り　⑤税

第2時：①国風文化　②ひらがな，かたかな　③源氏物語　④枕草子

7：源平合戦

第1時：①武士　②源，平　③太政大臣　④神戸

第2時：①源頼朝　②壇ノ浦　③源義経　④鎌倉

8：鎌倉時代

第1時：①幕府　②御家人　③征夷大将軍　④御恩　⑤奉公　⑥北条　⑦執権

第2時：①元寇　②北条時宗，てつはう　③防るい

9：室町時代

第1時：①義満　②北山，金閣　③東山，銀閣　④書院造り　⑤水墨画

第2時：①改良し，品種改良　②祭り，盆おどり　③田楽，猿楽　④能

⑤狂言　⑥茶の湯，生け花　⑦枯山水

10：戦国時代

第1時：①桶狭間　②室町　④堺　⑤安土，自由に，関所　⑥キリスト
　　　　⑦明智光秀，本能寺

第2時：①秀吉　②一向宗，大坂城　③検地（太閤検地）　④百姓，刀狩
　　　　⑤城下　⑥朝鮮　⑦関ケ原　⑧征夷大将軍　⑨豊臣氏　⑩朝鮮

11：江戸時代（政治）

第1時：①親藩，譜代，外様　②江戸をすぐにせめられないように
　　　　③武家諸法度　④参勤交代

第2時：①日本町　②増えていった　③禁止した　④島原，天草
　　　　⑤絵ぶみ　⑥オランダ，中国，幕府が独占した
　　　　⑦朝鮮，琉球王国，アイヌ

12：江戸時代（文化）

第1時：①身分　②五人　③差別　④将軍のおひざ元　⑤天下の台所

第2時：①近松門左衛門　②富嶽三十六景，歌川広重　③俳句，松尾芭蕉
　　　　④『解体新書』　⑤日本地図　⑥国

13：明治①（幕末〜）

第1時：①1853，浦賀　②日米和親　③函館，下田　④日米修好通商条約
　　　　⑤治外法権，関税自主権

第2時：①一揆　②不足した，値上がり　③打ちこわし　④薩摩，長州
　　　　⑤坂本龍馬，薩長　⑥慶喜

14：明治②（明治維新）

第1時：①廃藩置県　②四民平等　③解放令　④明治維新

第2時：①地租改正　②徴兵令　③殖産興業　④八幡，富岡

15：明治③（明治維新総括）

第1時：①西郷隆盛，西南　②自由民権　③国会，大隈重信

第2時：①ドイツ，1889年，大日本帝国　②天皇　③天皇中心

16：日清・日露戦争

第1時：①日清戦争　②遼東半島　③日露戦争　④広げた

17：第二次世界大戦

第1時：①軍事費　②不足して　③協力する　④制限した　⑤軍事工場

第2時：①韓国　②満州事変　③満州国　④国際連盟　⑤日中戦争
　　　　⑥第二次　⑦アメリカ　⑧ドイツ，イタリア　⑨勝っていた

第3時：①20万　②疎開　③沖縄　④広島，長崎　⑤いた

19：戦後の復興と発展（オリンピックと万博）

①三種の神器　②サンフランシスコ，国際連合　③東京オリンピック

④東海道新幹線　⑤中国，沖縄

おわりに

　教師生活13年，私はここまで，
　「日本の社会科学習全体のために何ができるか？」
ということを考えて普段から過ごしてきました。特に小学校の社会科のために
は，まずは「すそ野」を広げることが急務であろうと考えました。
　悲しいことに全国学力調査でも，社会科は蚊帳の外です。
　「社会科を研究する人を増やす」ということまでをするつもりはありませ
ん。ただ，「社会科のことを気にする人を増やす」ということに力を貸した
いのです。
　だから，ネタだけが書かれた本では不十分でした。ひとつの時代だけを取
り上げ，面白く紹介されている本でも不十分です。だからこそ，

○面白いネタの紹介と，それを授業で位置づける。
○全時代のプラン＋ワークシートとして出す。

しかないと考えたのです。そして，完成したのがこの本です。「完成した」
と申し上げたところですが，ある意味でこの本はまだ未完成とも言えます。
もっといいネタが発見されるかもしれませんし，いい授業プランが思いつく
かもしれません。また，歴史学の発展や新資料の発見によって解釈が変わる
こともあるでしょう。実際，有田先生の時代に「日本人は世界で最初にスー
プを飲んだ」と言われたことが，縄文土器よりも古い土器が中国で発見され
たことにより変更されています。加筆・修正という形で世に出されればと考
えています。

執筆中には歴史の本ということもあり，さまざまな知恵を先人からお借りすることができました。また，一緒に勉強をしているサークルメンバー，職場の皆さん，執筆中に生まれた我が子たち，わがままを聞いてくれた妻や家族に感謝の言葉を伝えたいと思います。

阿部　雅之

文献について

★以下の文献は，本書全体にわたり参考にさせていただきました。
○有田和正『あなたの歴史授業が激変する "有田式板書"』明治図書
○有田和正『調べる力・考える力を鍛えるワーク　社会科の基礎基本学力を
　つける』明治図書

★以下の文献は，昭和・第二次世界大戦時代・戦後時代において参考にさせ
　ていただきました。
○阿川弘之『食味風々録』新潮社
○川澄哲夫『資料日本英学史2　英語教育論争史』大修館書店
○吉本貞昭『教科書が絶対に教えない東京裁判』ハート出版
○朝日新聞 be 編集部・編『サザエさんをさがして』朝日新聞社
○朝日新聞 be 編集部・編『サザエさんをさがしてその2』朝日新聞社
○鶴見俊介，齋藤愼爾編『サザエさんの〈昭和〉』柏書房
○大阪大学21世紀懐徳堂編『なつかしき未来「大阪万博」』
○石黒修『討論の技術』（教育技術文庫）明治図書
○朝日新聞社，漫画「サザエさん」シリーズ
○河原和之『続・100万人が受けたい「中学歴史」ウソ・ホント？授業』明
　治図書

【著者紹介】

阿部　雅之（あべ　まさゆき）

1984（昭和59）年神戸市生まれ。公認心理師。大阪教育大学卒業。専門は社会科教育学。東大阪市小学校社会科教育研究会副運営委員長。東大阪市立長瀬南小学校所属で，現在はペナン日本人学校勤務。教育サークルKMK主催。趣味は「教育」。

〔本文イラスト〕木村美穂

社会科授業サポートBOOKS

子供を歴史好きにする！
面白ネタでつくる全時代の授業プラン＆ワークシート

2020年6月初版第1刷刊 ©著　者	阿　部　雅　之	
2024年7月初版第7刷刊　発行者	藤　原　光　政	
発行所	明治図書出版株式会社	

http://www.meijitosho.co.jp
（企画）林　知里（校正）井草正孝
〒114-0023　東京都北区滝野川7-46-1
振替00160-5-151318　電話03(5907)6703
ご注文窓口　電話03(5907)6668

組版所　株式会社アイデスク

＊検印省略

Printed in Japan　　　　　ISBN978-4-18-287618-9
もれなくクーポンがもらえる！読者アンケートはこちらから